COLLECTION POÉSIE

CLAUDE ROY

Poésies

PRÉFACE
DE PIERRE GARDAIS
ET JACQUES ROUBAUD

nrf

GALLIMARD

PRÉFACE

Les poèmes de Claude Roy ne sont que la partie immédiatement visible de sa poésie. « Aucun genre ne lui est étranger », constatait Yves Berger. Mais dans chacun, ajoute Jean Rousselot, « il est peu d'écrivains de son âge à se laisser aller aussi constamment que lui à " l'allure poétique " ». On rencontre en effet, aussi souvent que dans ses poèmes-poèmes, la poésie de Claude Roy dans une page de ses Descriptions critiques *ou dans les essais du* Verbe aimer, *déguisée en chapitre de roman ou attribuée (empruntée) à un poète chinois de la dynastie Han, comme au détour de l'itinéraire de la Maria de* La nuit est le manteau des pauvres *ou au courant des accalmies méditatives dans l'atelier du peintre autour duquel s'organise* La Dérobée. *C'est à propos de ce roman que Claude Mauriac pouvait écrire :* « Romancier, Claude Roy demeure poète. Les descriptions des tableaux de son personnage sont autant de poèmes en une langue qui si elle apparaît encore précieuse, c'est comme une pierre ou un métal de ce nom. » *Lorsque, passé la cinquantaine, il aborde la grande confession critique de sa vie, avec* Moi je, *ses lecteurs constatent encore que le poète est toujours là, qui affleure derrière la voix du mémorialiste.* « Au moment même où il se confesse, *fait remarquer Alain Bosquet*, il se transforme en fable. C'est le poète qui lui permet cette liberté, c'est l'amour de la parole affirmant sa fierté indépendante... dans cette somme qui chante et qui enchante. »

Un chant, et cependant lucide. Qui enchante et, comme le dit le poète lui-même, qui fait ouvrir les yeux. « J'ai toujours demandé deux choses à la parole des vivants, *écrivait Claude Roy :* m'enchanter, et m'aider à déchanter. C'est le titre que notre bon vieil oncle Gœthe donnait à son autobiographie. »

Les premiers textes littéraires de Claude Roy sont des poèmes, que publient Pierre Seghers dans Poésie 40, *et Max-Pol Fouchet dans* Fontaine. *C'est à Alger, en 1942, que paraîtra son premier livre, les poèmes de* L'Enfance de l'Art. *Cependant, après* Un seul poème, *en 1954, Claude Roy, sans cesser d'écrire des poèmes, cessera (en apparence) d'en publier. L'apparence ici est, encore une fois, trompeuse. L'œuvre de Claude Roy, et la conception qu'il se fait de la poésie, rejoint à la limite celle de Cocteau intitulant « Poésie » tous ses livres, et les répartissant en Poésie de roman, Poésie de théâtre, Poésie de critique.*

La « poésie de poèmes » réunie dans ce recueil embrasse des poèmes écrits pour la plupart entre 1939 et 1953. Entre la « drôle de guerre » et la fin de la « guerre froide ». Si on préfère des références littéraires, entre la publication du Crève-cœur *et la mort de Paul Éluard. Si on veut des références sociales, entre la Résistance et la mort de Staline.*

On sent dans Le Poète mineur, *qui recueillait en 1949 l'œuvre poétique des dix années précédentes, et dans* Un seul poème *(1954) à la fois les sources profondes et subjectives de l'œuvre qui va s'accomplir et se développer, et les tentations qui pèsent sur la poésie française des années 40-50 : « l'engagement » selon le projet politico-esthétique de* L'Honneur des poètes, *la tentative d'une « poésie nationale », la recherche éluardienne d'une « poésie vraiment rimée, vraiment rythmée ». Le poids du chant et de la rime, celui des « leçons de morale ». Mais ce qui frappe quand on relit ceux des poèmes de Claude Roy qui sont plus volontairement « de circonstances », c'est à la fois l'inquiétude critique, la liberté intérieure et la liberté prosodique délibérée qui font échapper cette poésie à la plupart des périls et des réveils amers qui attendent ses contemporains (et lui-même). On pourrait, de la technique poétique du Claude Roy des années 40-50, déduire son attitude éthique et esthétique : un mélange de passion combative et de distance critique, de chaleur des élans et de lucidité ironique, de tout feu tout flamme et de pénétration. La prosodie de ces poèmes est, à première vue, tout à fait* régulière. *Mais cette prosodie d'apparence classique est en réalité la poursuite subtile d'une action dissolvante menée contre la poésie métrique. Il s'agit en somme d'un « vers librisme » à l'intérieur de la poésie « régulière », vers librisme dont Raymond Queneau sera à la même époque le plus grand représentant sur le mode ironique-parodique. Une analyse méthodique des « libertés » formelles que Claude Roy impose à la versification à laquelle il feint de se soumettre, l'ironie d'une déclaration comme celle qui précédait* Le Poète mineur (« s'il y a des vers faux, c'est exprès »), *fait entrevoir comment Claude Roy a réussi à échapper à l'inflation verbale, à la rhétorique de la poésie « engagée ». C'est que, d'abord, sa poésie est littéralement née de chocs émotifs violents. Le caporal des chars de combat de juin 40 avait « subi » des influences dont il ne se cache pas, de Supervielle à Éluard, de Maurras à Aragon.* « Perdant plusieurs années, *avoue-t-il,* j'écrivis des poèmes exécrables. » *Il faut attendre la défaite de juin 1940, l'évasion, en octobre de la même année, pour que soient écrits les premiers véritables poèmes du poète Claude Roy :*

L'absent, *en mémoire du sergent Raphaël Roy, et* Un mort m'attend à la maison, *en mémoire du lieutenant Félix Roy.*

« En octobre 1940, puis en juin 1941, inopinément, plusieurs poèmes m'écrivirent. Je ne trouve pas d'autre mot. »

On sait les « circonstances », les combats de juin 40, l'évasion, le passage de la ligne de démarcation, après quelques jours à Paris, avec « un volume de Platon, un autre de Villon, un Keats, un dictionnaire chinois, un rasoir, une brosse à dents ». *Mais plus que les « circonstances », importe ici le surgissement d'un des thèmes fondamentaux de l'œuvre de Claude Roy : le thème de la mort. Il est présent dès les premiers textes publiés, et jusqu'à l'œuvre de la maturité. On peut même parler de leitmotiv. Les premiers poèmes publiés, ceux écrits en 1940 sur la mort de ses cousins apparaissent à leur auteur, on l'a vu, comme lui ayant été « dictés ». Dès lors, au fil des livres, Claude Roy va entreprendre et poursuivre une sorte de duel ludique avec la mort.*

« *Freud, confiera-t-il, parle de l'* "humour d'échafaud". *Je crois avoir pratiqué dans certains de mes vers une "ironie d'échafaud"...* »

Des poèmes tels qu' « A regret » (« La mort en tablier qui rentre ses moissons, / repliant les messieurs, les dames, les oiseaux, / la mort n'écoute pas nos discours de poissons, / les mots que nous disons restent au fond des eaux. ») *tels que* « Contre-temps », « Amour », « Le mot de passe », *tels que* « Le poseur de questions » : « Le mort que je serai s'étonne d'être en vie » — *de tels poèmes illustrent assez bien le lyrisme obsessionnel de ce mort en sursis que Claude Roy ne peut s'empêcher d'être. De même,* La nuit est le manteau des pauvres *s'ouvre par un chapitre où le sentiment de la mort surplombe les autres sentiments du héros et règne sur le monde extérieur. De même dans l'ouverture du* Malheur d'aimer (« L'amour est une invention de la mort ») *ou au chapitre XVII du* Soleil sur la terre : « Comment les vivants s'y prennent-ils pour n'être pas envahis par les morts? » *Claude Roy reste obstinément* « celui qui se cogne à la mort ».

« *Je suis, avouait-il, un enfant du siècle des sursis. En soulignant le mot* sursis. *Né dans la guerre, en 1915, je suis venu à la conscience d'homme pour voir se succéder les guerres. Réoccupation de la rive gauche du Rhin par Hitler, guerre d'Éthiopie, guerre d'Espagne, capitulation de Munich... Et puis, bien sûr, la guerre de 39-40, l'occupation, la guerre de 44-45... Des années durant, ma génération a vécu sans lendemain.* »

Mais un autre thème fondamental de l'œuvre se dessine déjà dès les premiers poèmes : celui de la duplicité, du déchirement ou du dédoublement de l'être. C'est le thème qu'on pourrait nommer celui de « l'animal double » ou « des deux hommes en un ». Le poète pose constamment la même question : « J'habite aussi mes antipodes / je suis un autre et je suis moi / je me remaille et me débrode / Pénélope de mon En-moi (...) / Claude Roy dites-moi qui est-ce / je l'ai bien connu autrefois / C'est un homme d'une autre espèce / un visiteur que je reçois », « ... moi je m'évapore et me perds et me trouve / et ne suis jamais sûr d'être ce que je suis. »

A la certitude de la mort, Claude Roy oppose une « stratégie » dont il analysera plus tard dans Moi je *les étapes, et dont ses poèmes illustrent la démarche intérieure : intensité vécue du « fait pur d'exister », usage de la mémoire volontaire — et involontaire, et recours à l'art enfin, à la poésie. Comme il l'écrira dans* Arts sauvages : « Avant d'être une joie, l'art est une ruse de guerre... contre la mort. »

Aux vertiges de la division perpétuelle de soi d'avec soi, il répondra par les ressources unificatrices *des instants privilégiés : la nuit (qui est aussi une nuit intérieure) le soleil, la mer ou enfin l'amour réconciliateur. Ainsi peut-on interpréter le poème le plus connu de Claude Roy,* « La Nuit » : « Elle est venue la nuit de plus loin que la nuit / à pas de vent de loup de fougère et de menthe / voleuse de parfum... » *comme un texte sur la qualité* unificatrice *de la nuit. De même, dans* « Mille morts », *ces vers où brûle et irradie le pouvoir* unificateur *de midi* (« Le soleil tout à ce qu'il fait / n'est que lumière et que chaleur / et l'arbre d'un seul mouvement / n'a qu'une idée dans ses racines »). *De même, telle strophe de l'*Élégie des lieux communs, *tels vers de* Clair comme le jour *ont-ils pour le poète la vertu essentielle d'évoquer et invoquer l'amour* ré-unificateur.

Mais c'est sans doute simplifier à excès, et donc trahir l'œuvre du poète Claude Roy, que de la réduire à un « *système de défense* » *moral ou métaphysique, à une activité protectrice contre la mort et contre la* dispersion *ou le dédoublement existentiel. Certes, ses poèmes ont assez de densité et de rayonnement pour que leur lecteur ne soit plus à la sortie du recueil tout à fait ce qu'il était en l'ouvrant. Mais on ne saurait ramener une pareille œuvre aux dimensions d'une sorte de psychothérapie poétique. Car les plus beaux poèmes de Claude Roy sont finalement aussi peu réductibles à une entreprise de* « *récupération de soi* » *que la pierre d'améthyste de Picasso, dont il parle dans* La Main heureuse :

« Cet objet m'a toujours fait rêver. C'est une améthyste à l'intérieur de laquelle est demeurée captive une goutte d'eau, une toute petite et tremblante et banale goutte d'eau âgée de millénaires. Quand Picasso prend la pierre d'améthyste dans sa main et l'agite, on voit la goutte d'eau fabuleuse et ordinaire doucement rouler dans son petit alvéole, et je me dis que la nature pendant des milliers d'années a médité la belle transparence violette de l'améthyste uniquement pour la charger de préserver et d'enclore cette minuscule fraîcheur d'avant le déluge et d'avant les hommes : une goutte d'eau. Ainsi toutes les ressources de la grammaire et de la syntaxe, des versifications et des règles, des rhétoriques et des conventions ne sont que les cristaux inventés par l'art pour transmettre et sauver la goutte d'eau de la confiance que, malgré tout, l'homme fait aux hommes. »

C'est cette goutte d'eau-là, qui parfois tremble et luit dans les vers d'un poète qui se définit lui-même comme un « poète mineur ». Mais les mineurs sont aussi, parfois, ceux qui vont chercher au profond de la nuit une goutte d'eau pure, une étincelle de feu central.

Pierre Gardais et Jacques Roubaud.

Au sommeil la nuit

LA NUIT

Elle est venue la nuit de plus loin que la nuit
à pas de vent de loup de fougère et de menthe
voleuse de parfum impure fausse nuit
fille aux cheveux d'écume issue de l'eau dormante

Après l'aube la nuit tisseuse de chansons
s'endort d'un songe lourd d'astres et de méduses
et les jambes mêlées aux fuseaux des saisons
veille sur le repos des étoiles confuses

Sa main laisse glisser les constellations
le sable fabuleux des mondes solitaires
la poussière de Dieu et de sa création
la semence de feu qui féconde les terres

Mais elle vient la nuit de plus loin que la nuit
à pas de vent de mer de feu de loup de piège
bergère sans troupeaux glaneuse sans épis
aveugle aux lèvres d'or qui marche sur la neige.

NOCTURNE

Patte de chat tout doucement
le jour se souvient d'être nuit
Un peu d'obscur un peu de vent
les étoiles et ce qui s'ensuit
viennent sur la pointe des pieds
ils s'avancent de toute part
dans le ciel et ses escaliers
et la nuit s'installe au hasard
sur l'île et la plage et la mer
dès que les oiseaux qui s'enfuient
laissent la place aux messagers
qui annonceront minuit
Puis les lézards vont se coucher
passant le mot aux vers luisants

Trente cri-cris dans les rochers
lamentent le soleil couchant
La mer chante à bouche fermée
l'épaisse nuit de ses poissons
l'obscurité de ses forêts
et de ses plaines sans moissons
Je suis la Nuit dit l'arrivant

en débarquant sur le rivage
Ses pieds s'enfoncent dans le sable
dans les étoiles son visage
et ses mains ourdissent des fables
de fraîcheur et d'obscurité
qui nous entourent tous les deux

Mais sur le sable auprès de moi
ton corps désaltéré de jour
ta peau crissante comme soie
luit doucement parmi l'obscur
Un peu de soleil prisonnier
s'évapore en secret de toi
et quand je caresse tes seins
tout ce qui reste du soleil
glisse doucement dans mes mains
tout ce qui reste du soleil
tout ce qui sera le matin.

J'AI PEUR LA NUIT

Mon corps qui suit son cours, son chemin de fourmi,
aveugle dans son jeu compliqué et savant,
que puis-je à son destin, à sa longue patience?
Il est si loin de moi dans ses ténèbres chaudes
avec son souffle lent, les longs détours du sang,
le cœur, le très sérieux qui jamais ne s'arrête,
et qui pourtant un jour saura bien me trahir...
Comment donc expliquer à ce cœur si pressé
qu'il est bien inutile de tant se hâter,
d'être si attentif aux visages changeants,
de se presser ou de ralentir pour un rien,
puisqu'un jour tout cela n'aura plus d'importance,
puisque mon cœur et moi nous oublierons ensemble
de bouger, de parler, de respirer, de vivre?

Je pense à tout cela dans le creux de la nuit
et pour être moins seul j'imagine un poème,
poème que voici :

Mon corps qui suit son cours, son chemin de fourmi,
aveugle dans son jeu compliqué et savant,
que puis-je à son destin, à sa longue patience?
Il est si loin de moi dans ses ténèbres chaudes
avec mon souffle lent...

LA RIVIÈRE ENDORMIE

Dans son sommeil glissant l'eau se suscite un songe
un chuchotis de joncs de roseaux d'herbes lentes
et ne sait jamais bien dans son dormant mélange
où le bougeant de l'eau cède au calme des plantes

La rivière engourdie par l'odeur de la menthe
dans les draps de son lit se retourne et se coule
Mêlant ses mortes eaux à sa chanson coulante
elle est celle qu'elle est surprise d'être une autre

L'eau qui dort se réveille absente de son flot
écarte de ses bras les lianes qui la lient
déjouant la verdure et l'incessant complot
qu'ourdissent dans son flux les algues alanguies

AUX INNOCENTS LES MAINS PLEINES

Il ne vous faut qu'un peu de nuit
pour entendre fleurir le sang
un grand feu profond comme un puits
plein de vifs éclairs trébuchants
il ne vous faut qu'un peu de soin
un bel été de feu et d'or
qui danse et saute aux quatre coins
qui brille et craque et chauffe fort
un grand feu d'hiver et de neige
le vent à décorner les bœufs
un vent de traques et de pièges
et de nuages au galop.

Les rivières sous la terre
coulent sans clarté sans saisons
ce sont les veines les artères
cherchant un cœur et sa prison
ce sont les veines de la terre
ce sont les lignes de ses mains
dans les longs couloirs solitaires
qui vont d'aujourd'hui à demain

cherchant la chanson de leurs eaux
qui s'est perdue un beau matin
dans un détour du long réseau
dans une courbe du chemin.

Approchez vos mains de la flamme
jusqu'à voir le feu au travers
avec ses courants et ses lames
et ses sirènes aux yeux verts
jusqu'à voir les grands fonds du feu
avec leurs poissons de sommeil
et les longs navires sans yeux
leurs équipages de soleil
et leur forêt d'algues de paille
qui flambe et brille au fond du feu
prisonniers des mains et des mailles
qui font et défont les filets du feu.

NE PAS DORMIR

J'aime ne pas dormir lorsque tu dors déjà bercée à fond de cale
aux flancs de qui clapote l'eau de la nuit des temps
l'eau calme de l'oubli qui bruit à voix si basse
que le silence sage n'en laisse deviner pas même le murmure

Je me penche sur toi j'écoute ton absence j'écarte
de la main tes cheveux sur ton front et l'enfant d'autrefois si perdu
qui erre encore sur la route et attend tout transi
et ne se souvient plus d'avoir été depuis réchauffé et nourri

Dors et laisse dormir l'enfant Chagrin et sa sœur Longue Absence
Dors A force de rames à force de patience
déjà nous abordons aux îles du vent clair déjà le jour
mélange ses draps blancs aux draps qui te dessinent

Tu dors et moi je veille immobile et pourtant sans plus
rester en place
que l'herbe dans les prés quand le vent en passant la
rebrousse et l'efface
Je retiens mon souffle j'ai peur que tu ne t'éveilles
j'ai peur que tu sois là j'ai peur que tu sois loin
Le vent m'empêche de dormir si tu es loin de moi
ton cœur m'empêche de mourir s'il bat tout près du
mien

Écoute ma très chère ma seule ma sœur aux yeux si
clos
écoute mon souci de toi qui marche sur la pointe des
pieds
Il tourne autour de toi Il hésite Il revient Il craint de
t'éveiller
Il a peur en rôdant de faire craquer un meuble ou
grincer une porte
Je vais dormir encore glisser et te rejoindre ailleurs
à l'envers ressemblant et brouillé de mon double qui
veille.

Erreur sur la personne

MADEMOISELLE SANS SOUCI

Mademoiselle Sans Souci
vêtue de rien d'un peu d'été
Mademoiselle Tôt Partie
à peine là vite en allée

Toute nue dorée de paresse
Mademoiselle Rire aux Larmes
juste habillée de mes caresses
Mademoiselle Fausse Alarme

Rapportez-moi d'où vous allez
Mademoiselle Feu de Paille
un pas perdu deux sous trouvés
trois échos couleur de murailles

la sable roux du sablier
le blond sourd de l'automne proche
le bleu gris du ciel embrouillé
le fuyant d'un pas qui s'approche

Rapportez-moi d'où vous allez
les vraies nouvelles d'où nous sommes
Mademoiselle Voix Voilée
Mademoiselle Profond Somme.

LA PLUS SIMPLE EXPRESSION

récit

Pour Claire.

I

Espèce de rôdeur qui entres et sors de moi,
te mélanges à mon sang, et puis te désagrèges,
me tiens chaud, m'abandonnes et me laisses à mon
froid,
cesse un petit moment ton fatigant manège.
Et vous, dans la coulisse du corps étonné,
qui prend congé sans cesse et sans cesse renaît,
et sans cesse renoue les nœuds qu'il a dénoués,
serviteurs du dedans qui n'avez pas de nom,
qui lâchez, reprenez et mélangez les fils,
brouillez les souvenirs et les tirez au fond,
vers la cargaison morte au creux de l'eau tranquille :
je veux me délivrer de vos tenaces ruses,
du grand sournois sommeil, et des cérémonies
qu'il agence aux replis d'un repos qui m'abuse.
Pour toi, ma pesanteur, qui m'étouffe et me serre,
ralentie comme un cri qu'on n'a pas pu crier,

ma loque, ma souillée, ma plate, ma misère,
ma cogneuse aux carreaux, ma glisse au ras de terre,
je vais te bâillonner, te perdre, te déjouer
et te précipiter par ruse ou bien par rage
à l'envers supposé de mon vrai paysage.

Je veux, les yeux ouverts à force de patience,
conjurer ce complot que nouent mes habitants.

2

Une autre vie est là comme l'eau sous la glace,
à l'abri du grand gel qui pince et fait très mal,
une enfant qui chantonne et se parle à voix basse,
très de l'autre côté du mensonge en cristal,
tout de l'autre côté du faux froid endormeur.

Belle et c'est le matin c'est sa présence pâle.

3

Il faut qu'il y ait toi, seulement habillée
de ton ombre à côté, tu lui donnes la main,
toi qui marches pieds nus dans mes cinq continents,
dans ma limite et ma durée, dans mes jardins,
dans mon monde cerné par ses sept océans,
très ressemblant au vrai dont il est la doublure,
dont il reconstitue les couleurs et l'allure
(avec tout simplement un peu d'incertitude
dans la carte du ciel et dans les latitudes).

Alors je te rencontre. Vendredi c'est toi,
et mon monde reprend une raison d'étendre
ses forêts compliquées, ses sous-marins méandres,
ses bêtes en désordre au sortir de leur arche
et qui parfois ont l'air d'un petit peu comprendre
ce qu'on se dit nous deux, et qu'écoutent nos ombres,
sur notre île choisie pour ses plages très sages,
(et l'aiguillée de fil des oiseaux de couleurs
qui cousent dans le ciel les ourlets du bonheur).

4

Le jour et la nuit nous sommes ensemble.

Dans ce pays la nuit est comme un capuchon
de laine bleue mouillée, quand on sort de l'école,
que l'enfant d'autrefois, il rentre à la maison
accroche dans l'entrée au porte-manteau noir.

Nous nous parlons la nuit sans jamais nous déplaire.

Belles voix d'aplomb
l'une contre l'autre
de toutes nos forces
nous nous comprenons.
Je change d'idées,
tu changes de nuit,
mais c'est encore toi
et moi confondus.
Je fais quelques pas

mais sans te quitter.
Je te juge aimable.
Je t'écoute en moi.
Je te trouve douce,
tu m'écoutes en toi,
et l'enfant silence
entre nos deux corps
ne perd pas de vue
notre saison grave
nos raisons d'aimer.

C'est alors que le lit, les draps, pièges glissants, tandis que nous dormons (et sans cesser pourtant de nous entretenir) se font embarcadères :

La nuit lorsque je dors
mes mains vont voyager,
vivre une vie dehors
et changer de trajet,
caresser d'autres corps
flâneusement bouger.

Je reste là sans mains
et ne peux rien saisir.
Mes doigts jusqu'à demain
me privent de désir
Je me sens vide et vain
gris comme un souvenir.

Et je suis bien content
quand vient le petit jour

qui me refait vivant,
me rend mes dix doigts gourds
qui remuent doucement
(et savent plus d'un tour)

C'est ainsi que le songe agence ses mirages
où nous remélangeons nos passants paysages,
(et nous fermons les yeux quand naissent de la mer
en marche nos statues leur pas fronce la terre)

Mais dans le dormir même agitant notre envers
c'est toi que je retrouve et dont je m'émerveille.

5

Exacte, préservée, fidèle à ton éclat,
lampe nue, mon regard témoigne sa lumière,
partage de mes eaux, double vrai de mes pas,
transparents à travers, opaque, ton mystère,

tu justifie traverse et dénie à mes yeux
la vérité du je que je cherche aux miroirs

Ce que je t'ai donné m'apprend ce que je suis.
Tu rends à ma parole son pouvoir précis.

6

Très taciturne malheur
très muette méchanceté

Rancune serrant les dents
Absence très repliée
Interminable silence
Délices de la furie

Couteaux crus de l'amertume
Cri coupable la colère
Amer trop plein de misère
Cataractes retenues
Petite mort chaque jour
Trousseaux de clés qui se rouillent

La parole qui dénoue
qui a raison du temps
des années de la mémoire
raison de la raison

de l'homme pour qui
on ne pouvait rien

et que voilà réduit
à sa plus simple expression.

7

Les années en chemin font beaucoup d'embarras,
un grand méli-mélo de chagrins et de chances;
des gens entrent et sortent, on ne les revoit pas;
d'autres on les découvre à travers leur absence :

On ne s'y reconnaît plus dans cet écheveau,
dans ce brouillamini, dans cet embouteillage,
dans ce grand mélangé de froid noir et bon chaud,
dans les cartes brouillées que le temps nous ménage.

C'est à perdre la tête, arracher ses cheveux,
se faire de la bile, être en mauvaise passe,
se vouer à tous les saints, ou passer aux aveux.
Mais la voix est une eau captive sous la glace.

Seul un mot quelquefois peut passer au travers,
un mot tout simplement qui te va comme un gant,
un mot lettre-à-la-poste, un vrai mot cœur-ouvert,
un mot qui vient du clair et qui retourne au vent.

Une parole juste à n'en jamais finir
suffit à t'éveiller à l'autre bout du monde,
mon petit feu d'hiver, ma tulipe à sourires,
ma dormeuse et pourtant la seule qui réponde.

Dieu s'arrête un moment de surveiller ses folles
au Central des soucis où leurs mains remélangent
les fils et les fiches pour couper la parole,
à peine commencé le mot que souffle un ange.

Ma voix toute empêtrée dans les caves du corps,
qui vient à moi toujours au travers de moi-même,
toute nouée dans ma peau, ma caresse, et l'effort
que fait pour s'échapper cet autre que j'enferme,

ma voix qui me fuyait et m'habitait à peine,
cet écho que j'étais qui me blessait pourtant,
qui ne me laissait pas reprendre mon haleine
devient une façon de lent tapis volant.

Voix durable la voix qui sonne elle s'est tue,
légère et qui n'a chaud que de sa vérité,
qui te trouve et te quitte et n'est jamais perdue,
et qui t'attend le soir et dort à ton côté.

Voix pure la voix-jour qui ne contient rien d'elle
et pas plus sa chanson que le ciel sa couleur,
voix juste la voix seule et qui pourtant se mêle
aux voix de ceux qui vivent à contre-malheur.

Voix simple qui ne dit que ce qu'elle aime et nomme,
aussi nue qu'une main toute habillée d'air pur,
qui ne se souvient plus d'être la voix d'un homme
et qui a tous les jours raison contre les murs,

et qui a tous les jours raison contre la mort.

LIEDER DE LA MER QUI S'ENNUIE

Dès qu'il fait noir la mer s'ennuie
secoue son sac d'herbes séchées
remue son eau toute la nuit
Elle a beau faire et chuchoter
le soleil restera couché
Ce poème étant métaphore
je m'y compare à l'océan
Mon soleil mon chaud mon aurore
c'est la douce que j'aime tant
et la nuit qui m'ennuie si fort
c'est son absence et mon tourment
ma vacance et ma marée basse
mon calme plat et mon temps mort
ma grise mine et guerre lasse
triste comme au milieu du port
le mazout d'un bateau qui a franchi la passe

Ce poème étant métaphore
je m'y compare à l'océan
Mais il ne veut rien entendre
et refuse (hautain) toute comparaison

Il est eau il est sel il est vent il est bleu
il est immense et fou il est avide et tout

Moi je suis Claude Roy simplement Claude Roy.

LIEDER DU VENT
A DÉCORNER LES BŒUFS

Le vent court à brise abattue
il court il court à perdre haleine
Pauvre vent perdu et jamais au but
où cours-tu si vite à travers la plaine

Où je cours si vite où je cours si vite
Le vent en bégaye d'émotion et d'indignation
Se donner tant de mal et de gymnastique
et qu'on vous pose après de pareilles questions

A quoi bon souffler si fort et si bête
et puis s'en aller sans rien emporter
Quelle vie de chien qui toujours halète
qui tire sa langue de chien fatigué

Jusqu'au bout du monde il faut que tu ailles
poussant ton charroi de vent qui rabâche
Vente vent têtu de sac et de paille

Gémir pleurer prier est également lâche

Déjà autre part j'ai entendu ça
Je ne veux plus être vent dit le vent qui boude
Je change de peau je change de pas
Je me fais flûtiau route ou pierre qui roule

Mais il dit tout ça sans conviction aucune
Il sait qu'il faut bien en passer par là
venter quand on est vent luner quand on est lune
et quand on n'est qu'un homme nommer ce qui est là

Le vent la pluie le froid le chaud la solitude
la belle vie qui prend de mauvaises habitudes.

LES SOUCIS DU CIEL

Pour Claire.

Le ciel apprend par cœur les couleurs du matin
Le toit gris l'arbre vert le blé blond le chat noir
Il n'a pas de mémoire il compte sur ses mains
Le toit blond l'arbre gris le blé noir le chat vert

Le ciel bleu est chargé de dire à la nuit noire
comment était le jour tout frais débarbouillé
Mais il perd en chemin ses soucis la mémoire
il rentre à la maison il a tout embrouillé

Le toit vert l'arbre noir le chat blond le blé gris
Le ciel plie ses draps bleus tentant de retrouver
ce qu'il couvrait le jour d'un grand regard surpris
le monde très précis qu'il croit avoir rêvé

Le toit noir l'arbre blond le chat gris le blé vert
Le ciel n'en finit plus d'imaginer le jour
Il cherche dans la nuit songeant les yeux ouverts
aux couleurs que le noir évapore toujours.

LE PORTRAIT MODÈLE

J'entre et je sors des vrais miroirs
Ils n'auront rien gardé de moi
La nuit efface au tableau noir
l'apparence qui se croit moi.

Mais la main sur la page lisse
réfléchit mieux que l'eau du tain
le vrai profil de ce complice
qui prend en charge mon destin

Le fil que dévide la main
en sait plus long sur mon visage
que le visage trop humain
où ma présence est de passage

Le crayon noir le papier blanc
ignorants de ma pesanteur
et des lents désastres du temps
dessinent ma ligne de cœur

D'où naît la clarté qui révèle
ma plus tacite distraction
Est-ce du jour ou bien de celle
qui réfléchit ma réflexion ?

LE SOMMEIL LÉGER

Le dormeur soucieux dort sur ses deux oreilles
Il dort à poings fermés il dort à pierre fendre
Il a peur de rentrer du côté que surveillent
le tourment d'être là et de toujours attendre

Moi je n'ai pas besoin de m'en aller au large
ni de m'absenter loin ni de fermer ma porte
Je ne suis à l'étroit du temps ni de mon âge
ni de la mélusive qui me presse et m'emporte

J'ai le sommeil léger mais le cœur d'autre sorte
Je ne dors que d'un œil Si je dors traversé
c'est toujours de toi seule et qui seule m'importes
passante ma pensée aux pas lents ou pressés

Je t'ai donné les clefs de mes deux paysages
le passé le présent le noir l'ensoleillé
Tu fais comme chez toi dans le remue-ménage
de mon chez moi secret sourdement embrouillé

Tu rentres et tu sors tu rêves et tu marches
dans mon rêve de toi où tu rêves de moi

Mais le jour revenu plein de tours et démarches
fait du songe une vraie maison avec son toit

Je n'invente jamais rien d'autre quand je plonge
que le monde réel et les façons du jour
Les dormeurs n'ont besoin du sel fin des mensonges
qu'à défaut du sommeil vivace de l'amour

Les dormeurs n'ont besoin d'un monde différent
que s'ils ne savent pas le secret d'endormir
tout clair et très précis ce monde à chaque instant
que je mets en question pour ne pas en mourir.

BESTIAIRE DES ANIMAUX A L'AISE DANS LEUR PEAU

A Richard et Jacqueline Heyd.

Très oiseaux les oiseaux sont très sûrs d'être oiseaux
L'écureuil sait très bien son métier d'écureuil
Les chevaux dans leur peau de cheval sont chevaux
Le lézard sait par cœur l'art de vivre en lézard
La fourrure du chat tient le chat tout entier
Le renard est renard tout le long de l'année
Le poisson est dans l'eau comme un poisson dans l'eau

Mais moi je m'évapore et me perds et me trouve
et ne suis jamais sûr d'être ce que je suis.

LE VEILLEUR DE NUIT

Le veilleur de nuit écoute ses pas
Ils s'en vont de lui s'éloignent tout bas

Un autre que lui se sert de ses pas
Il proteste En vain l'autre n'entend pas

On vole ses pas les pas de personne
Il entend très loin ses pas qui résonnent

Alors le veilleur attend que reviennent

Les pas
          les pas perdus
                    au-delà
                              des persiennes.

NE COUPEZ PAS

Quand je me téléphone
un autre me répond
Il n'est là pour personne
et me dit toujours non

Il comprend de travers
mon adresse mon nom
Il répète à l'envers
toutes mes commissions

Bête comme un écho
qui s'embrouille parmi
le halo de ses mots
ne comprend qu'à demi

Bête comme une voix
qui résonne résonne
dans un désert tout froid
il raccroche et je sonne

Allô Allô c'est moi
qui est à l'appareil
Mais c'est un autre moi
pareil et pas pareil

Un autre me répond
un autre ou bien personne.

LA POURSUIVIE

Je te poursuis encore sur le versant des songes
mais tu glisses de moi comme sable en la main
et comme un coquillage invente son mensonge
la courbe de ton corps esquive ton dessein

Je te traque et tu fuis Je te perds et tu plonges
Les forêts des grands fonds ont d'étranges détours
Je marche sur la mer et mon ombre s'allonge
sous le soleil obscur et dans l'ombre des tours

Aux plages de fraîcheur que déroule le lit
la trace de nos corps s'efface avec le jour
Le lit s'enfle et se gonfle aux brises de la nuit
Tristan la voile est noire et tu mourras d'amour

Tristan la voile est noire Iseut ne t'aime plus
La Belle au Bois s'endort du sommeil de l'hiver
Mourir ou bien dormir le flux et le reflux
me ramènent toujours aux lieux où j'ai souffert

Mais que le chant du coq à l'aube revenue
mais qu'un rai de soleil qu'un pigeon qu'un appel
que le matin léger me rendent l'enfant nue
me voici de nouveau le complice du ciel

Sur son front la couronne invisible des Sœurs
Tristan la voile est blanche au flot des nébuleuses.

L'OMBRE

L'ombre essaie de ressembler
à celui qu'elle accompagne,
mais c'est toujours à refaire,
toujours à recommencer.
Métier d'ombre, métier d'ombre,
c'est un vrai métier de chien,
on s'échine, se déchire,
se fatigue, se détruit.
Métier d'ombre, route d'ombre,
la vie est dure à gagner.

Si contente était mon ombre
de marcher au bord de mer.
Mais quand je plonge dans l'eau
elle est perdue aussitôt,
elle se débat et pleure
comme un enfant égaré.
Reviens, reviens sur le sable,
me crie mon ombre fidèle,
reviens vite à mes côtés,
ne me laisse jamais seule.

Elle est plus faible que moi,
elle se perd en chemin,
elle s'accroche aux buissons
perdant ses flocons de laine,
et s'écorche les genoux,
et se noie dans les ruisseaux
grelottant le soir venu,
redoutant les nuages gris.
Métier d'ombre, chemin d'ombre,
mon ombre est bien fatiguée.

LA FENÊTRE FERMÉE

La fenêtre fermée n'en réfléchit pas moins
le monde qu'elle tient à l'écart d'elle-même
les gens qui n'en finissent jamais de passer
le ciel qui ne sait pas s'arrêter d'être ciel
et la maison d'en face à l'ancre de ses pierres
de son toit de ses murs de son poids de maison

La fenêtre fermée n'est pas très sûre d'elle
ni d'être ce qu'elle est ni de voir ce qui passe
La fenêtre fermée tournée vers son envers
donne à la nuit dedans des nouvelles du jour
et parle à la chaleur du froid qu'il fait dehors

La fenêtre fermée réfléchit lentement
et triste traversée taciturne tapie
rêve de retenir et de garder pour elle
(rien qu'un petit moment préservé de s'enfuir)
ce chat ou cet enfant qui marchent dans la rue
et traversent son eau sans y laisser de trace.

Les circonstances

Vous qui laissez mourir les morts de belle mort
complices des bourreaux de l'oubli du sommeil
songez aux messagers du Prince des Grands Nords
qui viendront une nuit vous priver de réveil.

1940.

COMPLAINTE
DE LA PETITE MORT DANS L'ÂME

La petite mort dans l'âme, à force de tourner elle s'était perdue.
Peut-être l'avez-vous rencontrée à l'Armée du Salut ou au coin de la rue?

La petite mort dans l'âme si fatiguée, si sale et si grelottante,
le faux sommeil de trois heures du matin dans les salles d'attente.

Son tablier percé, ses mains gercées, ses lèvres crevassées,
ses souliers très usés, ses bas très reprisés, ses épaules très méprisées.

Maintenant je suis sûr de l'avoir déjà aperçue en mil neuf cent quarante,
au Mesnil les Trois Chemins, sous une pluie battante.

La petite mort dans l'âme ce jour-là était devenue folle.
On lui avait tué son mari, il était si gentil, un si bon homme, et il s'appelait Paul.

Elle était restée toute seule dans le village.
L'église ouverte en deux, les saints de Saint-Sulpice pleuraient leur plâtre peint sous l'orage.

Mais la petite mort dans l'âme a bien fini par reprendre la route.
Je l'ai revue dans les Ardennes, sa charrette arrêtée, elle cassait la croûte.

Elle avait emporté un matelas, un édredon, les douze casseroles de cuivre,
le panier à salade, l'horloge de grand'mère, la cage de l'oiseau, et le chien Pataud à pied pour la suivre.

La petite mort dans l'âme marchait tout le temps et ne disait rien :
il faudra bien que ça finisse, tout a une fin, il faudra bien.

La petite mort dans l'âme, on lui a fait voir du pays
Amsterdam, Varsovie, Coventry, Cologne, Oradour, Hiroshima, Paris.

Les voyages forment la jeunesse, et la petite mort dans l'âme, à force d'aller partout et d'en voir de toutes les couleurs devint une vraie dame.

La petite mort dans l'âme en mil neuf cent quarante-trois
s'était mariée en Pologne au coin d'un bois l'hiver, il faisait très grand froid.

Elle avait épousé le nommé Juif Errant Isaac Laaquedem,
mais il est mort en déportation : pauvre petite, et elle n'était pas au bout de ses peines.

(Elle n'a pas pu toucher sa pension : les papiers n'étaient pas en ordre.
Et la petite mort dans l'âme a dû chercher du travail, ah! ce n'est pas commode).

Dans les ruines d'Aix-la-Chapelle que les Allemands nomment Aachen,
la petite mort dans l'âme m'a parlé en allemand : *Ich nicht spricht deutsch, nicht fertig*, alors à quoi bon ta rengaine?

La petite mort dans l'âme a été voir sa grand'mère Mort Dans l'Âme pour lui porter, acheté au marché noir, un quart de beurre.
Mais sa grand'mère était morte de froid rue Garancière, et c'est bien du malheur.

(Elle habitait au huitième dans une chambre sous les toits.

Les employés des Pompes funèbres ont eu du mal avec leur caisse, l'escalier est étroit).

J'ai rencontré la petite mort dans l'âme, ses yeux bleus pleins de larmes, et comme elle était belle!

parmi ce qui reste d'une maison blitzée, dans une rue triste de Whitechapel.

Mais plus tard, c'était encore elle, je ne m'y suis pas trompé, qui disait *cigarette*, *cigarette*, à Oslo,

aux matelots anglais sur le port avec son odeur de goudron et d'eau.

Elle avait perdu son bébé quand elle avait treize ans, il était mort en couches,

à cause des privations, du temps des Allemands, avec qui il avait bien fallu qu'à la fin elle couche.

La petite mort dans l'âme a été putain à Naples et à Rome,

marchande de croissants au métro Réaumur, et de piles électriques entre Villiers et Rome.

On lui a tondu les cheveux en août 1944 et c'était une erreur,

elle n'aurait jamais cru qu'elle avait de quoi tant pleurer dans le cœur.

Elle est toujours ici, parmi nous, au noir de notre cœur,
Et quand tu te crois seul, d'Athènes, de Madrid, de France, de Chine ou d'Amérique,

de tous les coins de ce monde bête et triste,
voilà qu'elle est en toi, la petite mort dans l'âme, à l'improviste.

L'ABSENT

En mémoire du sergent Raphaël Roy.

La part du vent la part du feu
faites en celle de l'absent
vivant ou mort un peu des deux
et de la neige au lieu de sang

Vivant et mort si décevant
qu'il se dérobe devant nous
La part du feu la part du vent
celle de l'absent parmi nous

Devant le feu gardez sa place
coupez pour lui un peu de pain
Il émergera de la glace
pour y replonger au matin

Un peu de nuit dans le regard
un peu de neige au lieu de sang
invité toujours en retard
et plus qu'il ne faut transparent.

1940.

UN MORT M'ATTEND A LA MAISON

En mémoire du lieutenant Félix Roy.

Rien n'est plus à moi seul aujourd'hui
En ouvrant trop vite une porte
je traverse parfois cette ombre qui attend mon retour
et je n'ai plus qu'à m'excuser

Rien n'est plus à moi seul aujourd'hui
mais ce mort mon ami réclame sa part
avec ce lent poids de silence malhabile
qu'il étend depuis le jour
où cette mitrailleuse invisible
a parlé plus fort et plus dur que lui
dans le petit matin qui sortait des forêts

Rien n'est plus à moi seul aujourd'hui

Il faut que je garde pour lui
ce soleil dans les bois d'automne

ce peu de feuillage qui luit
la joie tranquille qu'il me donne

Il faut que je garde pour lui
Ce sourire où je me repose
et la fraîcheur de cette pluie
qui n'effeuillera pas les roses

Il faut que je garde pour lui
ce creux d'épaule et sa chaleur
un peu de ce plaisir des nuits
un peu de jour et de bonheur

Je partageais avec toi mes billes
maintenant un peu de ma vie
O mort
mort qui m'attend à la maison.

1940.

AMITIÉ DES MORTS

En mémoire d'un garçon qui
est mort à côté de moi.

Il suffit d'une étoile à portée de la main
pour conjurer le sort
Dormez enfants du jour vos paupières demain
reconnaîtront les morts.

Ils vous apporteront ce qu'ils aimaient le mieux
ce qui ne déçoit point
Les ombres du couchant les fontaines les lieux
l'odeur triste du foin

S'ils laissent un matin un arbre un écureuil
un oiseau qu'on entend
Remerciez-les avant qu'ils ne passent le seuil
après il n'est plus temps

Ne méprisez jamais les dons que font les morts
ils n'ont pas autre chose
Le choix n'est pas si grand quand on est loin du port
et jamais ne repose.

1941.

BESTIAIRE DE LA VAGUE
VENUE ME VOIR A NICE
DE LA PART DE MON AMI LE POÈTE
JULES SUPERVIELLE

Une vague entre en hésitant
une vague entre des milliers
Elle entre et court dans la maison
toute légère et chuchotant
monte et descend les escaliers
d'un pas prudent plein de poissons
s'excusant d'être si mouillée
et d'un bleu si déconcertant
et d'avoir tellement à dire
qu'elle en a peut-être oublié
ce qui est le plus important
et qui l'empêche de dormir

De Montevideo à Nice
il y a tant de ciel et d'eau
tant de navires feux éteints
et tant d'épaves qui pourrissent
tant de bateaux tant de radeaux
qu'une vague y perd son latin
même en se dépêchant très fort
même en marmonnant jour et nuit

entre les lames et le vent
même en sautant par-dessus bord
des grandes cheminées de suie
qu'elle rencontre à son avant

Une vague entre en hésitant
et danse et saute autour de moi
entre la table et le fauteuil
toute confuse et me léchant
grand épagneul d'eau et de soie
qui pose sur moi son gros œil
cherchant à faire pardonner
d'avoir oublié en chemin
ce que le poète avait dit
une grosse vague étonnée
qui lèche doucement ma main
comme elle fit à mon ami
il y a des mois des années.

1942.

LES CLOCHES DU SOMMEIL

I

Toutes les cloches du sommeil
s'en vont sonnant à perdre voix
Voici le jour du grand réveil
Tous mes amis viennent à moi
tous mes amis vivants et morts
les compagnons du désespoir
frères du sang frères du sort
ceux des matins et ceux des soirs
Les grands navires appareillent
O souvenirs ombres sans lois
sonneurs des cloches du sommeil
ils vont sonnant à pleine voix

Les hommes gris ont disparu
avec les brumes de la nuit
Les matelots ont parcouru
la longue route où l'astre luit
la longue route des bergers
la lente route des Rois Mages

Les matelots d'un doigt léger
m'ont éveillé quand le ciel sage
fut plein de signes apparus
et que l'étoile enfin jaillit
par qui l'orage a disparu
avec les brumes de la nuit

Les morts ne remonteront pas
des rivages du grand hiver
Mais la vengeance pas à pas
s'élève enfin quand persévère
une aurore tachée de sang
un long silence et la pâleur
la mort aux fronts des innocents
et des enfants du long malheur
Cloches sonnant à contre-glas
le jour se lève sur la mer
et les morts ne reviendront pas
des rivages du grand hiver

2

Avant c'était le temps des petits matins d'août
quand un peu de brouillard s'élève des eaux calmes
et que l'herbe est trempée de rosée goutte à goutte
et que le bateau plat glisse comme une palme

Avant c'était le temps des bains du crépuscule
et des eaux attiédies par le brûlant du jour
le temps du romarin le temps des libellules
le temps du temps perdu le temps d'un autre amour

Mais il faut maintenant changer de ton de tour
car trop de mes amis sont morts en pleine nuit
et j'ai pu trop souvent aux premiers pas du jour
m'éveiller en veillant un jeune mort transi

J'ai vu le sang couler j'ai vu des chars brûler
j'ai vu mourir des hommes et des enfants perdus
m'ont demandé à boire et leur vie s'écoulait
dans mes mains maladroites et le vin répandu

C'est le temps maintenant de ne plus oublier
ceux qu'on a réveillés pour les faire mourir
ceux qui chaque matin s'en vont les mains liées
le long d'un long couloir qui n'en veut pas finir

C'est le temps maintenant d'avoir une autre voix
et de sonner sans fin les cloches du sommeil
et de rendre aux dormeurs l'espérance et la foi
de chanter aux vivants le chant du grand réveil.

11 novembre 1942.

LES VAGUES DE LA MER

A Max-Pol Fouchet
qui parlait à la Radio d'Alger.

Le tumulte du vent les vagues de la mer
l'appel intermittent des sirènes du feu
le grand vent et le froid les neiges de l'hiver
tout me ramène à vous compagnons du grand jeu

Les bottes de Poucet oublieuses des guerres
tricotent leur chemin malgré les conquérants
L'amour et l'amitié ont d'autres planisphères
que les plaines de sang où crient les loups errants

Je vous entends la nuit je vous attends le jour
mes amis qui parlez dans vos prisons de vent
je tends vers vous mes mains mes doigts tremblants et
gourds
mes mains que trop de morts disputent aux vivants

Les cités englouties mènent au fond des eaux
une lente et pesante et ténébreuse vie
J'entends sonner pourtant dans la plainte des flots
les cloches de Fingal encore inasservies

Les lames sans répit déferleront sur nous
qu'importe à celui-là dont le cœur est fidèle
Laissons glisser les eaux laissons hurler les loups
Liberté dans la nuit les cloches parlent d'Elle.

1943.

PAS POUR VOUS

A Louis et Elsa Aragon.

Le coq au petit jour ne chante pas pour vous
passants couleur de terre à enterrer les morts
ni pour vous le soleil ne brille clair et doux
vous qui chantez trop haut pour conjurer le sort

ni pour vous les oiseaux ni pour vous la rosée
les gouttes de la pluie si tièdes sur les mains
ni pour vous le pain frais l'eau fraîchement puisée
ni pour vous le repos la joie des lendemains

ni pour vous les enfants qui chantent ni pour vous
l'amour couleur de paille et de midi en août
ni pour vous la Noël le sapin et le houx
ni pour vous les cri-cris la soleilleuse route

La main tachée de sang votre main qui se tend
votre main qui attend qui atteint qui étreint
cette main de bourreau qui tue si lentement
effraye en se dénouant les anges du matin.

1943.

PILOTE MORT

En souvenir de Claude Moitessier.

Ni ton sommeil celui du vent. Ni ton repos
celui des arbres dans le noir hésitant,
quand tâtonne la nuit dans ses ombreuses eaux.
Ni ton regard, les cils et leur doux battement,
ni ton cœur monotone, et ton rire, et ta voix.
Tout cela qui fut toi, perdu, porté manquant,
dans l'herbe des prairies à la corne du bois,
dans les coquelicots et les reines des prés
qui caressent la joue de ce mort de vingt ans

Couleuvre doux-glissant dans l'herbe au bois de mai
évite le dormeur plus froid que ton écorce,
le dormeur sans sommeil, sans paupières fermées
plus seul qu'un astre mort, qu'une étoile sans force
dans la grise épaisseur des nuages de l'hiver
continuant de briller dans son trompeur été

Ainsi veillent sur toi au profond d'autres terres
l'inquiétude et le songe, asiles, cécités.

Le mort entre en vivant, pour quelque temps encore,
dans le rêve et le temps de ceux qui l'attendaient,
avec ses mains qui caressaient, avec son corps
qui respirait, avec sa voix qu'on entendait,
avec son goût pour le pain chaud, pour le vin blanc,
son odeur de tabac, sa démarche, son pas,
la mèche ébouriffée qu'il peignait méchamment,
la montre-bracelet qu'il ne remontait pas.
Mort tu te crois vivant au miroir des vivants.
Les lampes allumées, les lits frais, les visages
encore un peu de temps palpiteront pour toi
déjà si froid, déjà si loin dans l'herbe sage.

Mais s'étonne déjà la fourmi sur ta main,
refaisant le chemin des lignes emmêlées,
ce grand brouillard de jours composant un destin,
si simple maintenant, si simple à déchiffrer.
Mais s'étonne déjà l'oiseau vite envolé,
et l'abeille incertaine au long du lent jour blond,
s'éloigne du dormeur aux cheveux dépeignés
dans son sommeil ocreux, si paisible, si long.

1944.

JAMAIS JE NE POURRAI

Jamais jamais je ne pourrai dormir tranquille aussi longtemps
que d'autres n'auront pas le sommeil et l'abri
ni jamais vivre de bon cœur tant qu'il faudra que d'autres
meurent qui ne savent pas pourquoi
J'ai mal au cœur mal à la terre mal au présent
Le poète n'est pas celui qui dit Je n'y suis pour personne
Le poète dit J'y suis pour tout le monde
Ne frappez pas avant d'entrer
Vous êtes déjà là
Qui vous frappe me frappe
J'en vois de toutes les couleurs
J'y suis pour tout le monde

Pour ceux qui meurent parce que les juifs il faut les tuer
pour ceux qui meurent parce que les jaunes cette race-là c'est fait pour être exterminé
pour ceux qui saignent parce que ces gens-là ça ne comprend que la trique

pour ceux qui triment parce que les pauvres c'est
fait pour travailler
pour ceux qui pleurent parce que s'ils ont des yeux
eh bien c'est pour pleurer
pour ceux qui meurent parce que les rouges ne sont pas
de bons Français
pour ceux qui paient les pots cassés du Profit et du
mépris des hommes

Dépêche AFP de Saïgon De notre correspondant particulier sur le front de Corée l'Agence Reuter mande de Malaisie Le Quartier Général des Forces Armées communique Le Tribunal Militaire siégeant à huis clos De notre envoyé spécial à Athènes
Les milieux bien informés de Madrid

Mon amour ma clarté ma mouette mon long cours
depuis dix ans je t'aime et par toi recommence
me change et me défais m'accrois et me libère
mon amour mon pensif et mon rieur ombrage
en t'aimant j'ouvre grand les portes de la vie
et parce que je t'aime je dis

Il ne s'agit plus de comprendre le monde
il faut le transformer

Je te tiens par la main
la main de tous les hommes

Si dorment dans le vert des prairies de septembre
plus confondus tous deux que le nuage au jour

les amants leur sommeil en mélangeant leurs
membres
fait sourdre dans leur sang du sol un long bruit sourd

Hommes d'après nous deux vivants d'après nos morts
vous piétinez au fond du silence et du noir
J'entends venir à moi du très loin de l'aurore
un monde où la bonté rit dans tous les miroirs

un monde qui fera les quatre volonté de l'homme

Et si vous demandiez tout bas n'osant encore y croire
qui sont ces étrangers ils ignorent la haine
et pour qui cette fête chaque jour recommencée
pour qui cette clarté des lampes et qui donc a
donné aux jours cette simplicité de jour tout frais levé
et pourquoi ces rires cette musique cette gaîté du vent
enfin enfin semblable à cette fraîcheur
si longtemps imaginée si longtemps poursuivie
et si vous demandiez qui sont ces hommes
à visage d'hommes vivants ces hommes habillés
de joie simple et de confiance claire
le vent vous répondrait

Ils sont vous-même vous enfin très ressemblant
au visage parfait qui s'ignorait en vous
Ils sont l'impatience qui parlait au futur
et dirait au présent l'homme ami de lui-même.

Mourir

A REGRET

A Darius et Madeleine Milhaud.

La mort en tablier qui rentre ses moissons,
repliant les messieurs, les dames, les oiseaux,
la mort n'écoute pas nos discours de poissons,
les mots que nous disons restent au fond des eaux.

Vous dites qu'il fait beau, qu'il fait chaud, le soleil,
un cœur qui bat tout doux et le chant de l'eau vive,
vous parlez de l'amour, des monts et des merveilles,
mais pour vous écouter il n'est âme qui vive.

Vous pouvez parler fort ou feindre d'être ailleurs,
détourner le regard ou jouer à saute-songe,
descendre sous la mer comme un pêcheur d'éponges :

elle est là qui vous guette et vous prend à revers,
tricotant sans répit ses filets à vivants,
elle est là installée en travers de mes vers,
poursuivant son idée, têtue comme le vent.

Océan qui redonnes et reprends la mémoire
je m'intéresse au sel de tes franges savantes,
j'aime bien la façon qu'a la pluie sur l'eau noire
de poser ses pieds nus et sa fraîcheur bougeante.

Je me tresse un bonheur comme un panier de jonc,
et j'y mets un grillon, une nuit de septembre,
le ciel bien lessivé par un matin tout blond,
une fille endormie qui se mélange à l'ombre.

Mais l'autre est toujours là avec sa bouche ouverte
et cet air très patient de qui sait son affaire,
mais l'autre est toujours là, vivre est en pure perte,
la fausse, la butée, la sourde, la sorcière.

Une dernière fois nos mains nouées et déprises,
et moi qui ne veux rien que d'être près de toi,
puis l'autre sera là et nos pensées surprises,
la dame au temps compté et sa caisse de bois.

Viendra peut-être un jour pour d'autres plus habiles
la ruse qui saura détourner son chemin,
mais pour nous c'est trop tard, il faut être dociles,
poliment dire adieu aux plaisirs de demain.

La tête ailleurs déjà et le cœur barbouillé
nous dirons à la mort ce que nous pensons d'elle.
Mais qui donc entendra les mots embrouillés
perdus pour tout le monde
et que la vie est belle ?

LA BELLE MORT

Les mains pourries les mains perdues
qui n'ont plus rien à donner à personne
les yeux sans jour les voix sans mots
les bouches qu'un baiser jamais plus ne couronne

Honneur moisi feuilles qui rouillent
Rires éparpillés Tendresse en proie aux vers
Pitié très corrompue Linceul puant que souille
la fatigue d'avoir autrefois existé

Nous finirons bien par nous endormir
Nous finirons bien par tout oublier

Nous serons aveugles et sourds
Nous aurons cannes à la main
pour bâtonner sur le chemin
loin très loin du très joli jour

Nous serons tout entrechoqués
n'ayant plus les idées en place

dans une nuit d'un noir de glace
tâtonnants vides disloqués

Nous traînerons clopin-clopant
dans un pays brumeux de larmes
où le vent gèle les paroles
avant qu'on ne les ait prononcées

Personne ne nous entendra
puisqu'il n'y aura plus personne
Rien que le gel et que l'écho
qui n'aura rien à réfléchir
que le souvenir de l'écho

Nous serons ceux qui ne sont plus
les trébuchants les trépassés
les effacés les confondus
les morts dont on ne parle plus

les morts qui auraient tant à dire.

LES AUTRES ÉTÉS

Il y aura d'autres étés
D'autres grillons feront leurs gammes
dans d'autres blés
On croisera sur la route d'autres dames

Un autre merle inventera
une chanson presque la même
Un autre monsieur se trouvera là
sous cet arbre où je t'aime

Une petite fille qui n'est pas née encore
fera une poupée en coquelicot
à cet endroit précis où ton corps
endormi se mêle au long bruit de l'eau

On dira (mais ce seront d'autres)
Il faudrait bien un bon coup de pluie
Ça ferait du bien aux récoltes
Les mots feront le même bruit

Mais plus personne plus personne
ne se servira de mon cœur à moi
ni de ta voix à toi qui résonne
dans mon oreille et mon corps à moi.

ÇA M'EST ÉGAL

Ça m'est égal d'être un peu mort
escamoté dessous la terre
du côté de ceux qui ont tort
d'être plus là pour prendre l'air

Ça m'est égal que plus personne
sache comment je m'appelai
Tant et tant de téléphones sonnent
dans des appartements déserts

Ça m'est égal de ne plus voir
gens qui pleurent ni gens qui rient
de rien sentir de rien savoir
d'être un peu de rien dans du gris

Mais je voudrais pourtant savoir
si quelque part quelqu'un quand même
se souviendra de mes souvenirs
Ai-je rien oublié de tous ceux que j'aime

Je veux bien partir et être très mort
mais mes souvenirs seront-ils en vain
comme au fond des mers les galions pleins d'or
dormant dans le noir de l'eau sans chemins

Mais nos souvenirs seront-ils en vain

LE SILENCE ET DORS

L'oreille au guet de longue absence
écoute aux portes du sommeil

Elle écoute au creux du silence
le bleu du ciel marcher pieds nus
le long tic-tac de l'espérance
l'horloge au pas triste et têtu

Elle écoute mûrir les fruits
croître les fleurs et pousser l'herbe
et le ressac que fait la nuit
en brassant sa moisson de gerbes

Elle écoute très noir grillon
chantant déjà dans notre automne
la mort cachée dans nos sillons
racler sa viole monotone

L'oreille au guet de longue absence
écoute aux portes défendues

Mais tout se tait Un oiseau lance
un chant furtif et déjà tu

Puis le silence fait silence
semblable au faux chuchotement
qui ferait croire à la présence
que le silence enfin dément.

BESTIAIRE DES ANIMAUX QUE NOUS ENVOIENT LES MORTS

Il suffit d'une étoile à portée de la main
pour conjurer le sort
Dormez enfants du jour vos paupières demain
reconnaîtront les morts

Ils vous apporteront ce qu'ils aimaient le mieux
ce qui ne déçoit point
les ombres du couchant les fontaines les lieux
l'odeur triste du foin

S'ils laissent un matin un arbre un écureuil
un oiseau qu'on entend
remerciez-les avant qu'ils ne passent le seuil
après il n'est plus temps

Ne méprisez jamais les dons que font les morts
ils n'ont pas autre chose
Le choix n'est pas si grand quand on est loin du port
et jamais ne repose.

LE POSEUR DE QUESTIONS

Très loin, dans le dedans de mon écorce chaude,
dans le noir embrouillé des veines et du sang,
le poseur de questions tourne en rond, tourne et
  rôde :
il veut savoir pourquoi tous ces gens ces passants?

Le mort que je serai s'étonne d'être en vie,
du chat sur ses genoux qui ronronne pour rien,
du grand ciel sans raison, du gros vent malappris
qui bouscule l'ormeau et se calme pour rien.

Un cheval roux pourquoi? Pourquoi un sapin vert?
Et pourquoi ce monsieur qui fait une addition,
qui compte : un soleil, deux chiens, trois piverts,
qui compte sur ses doigts pleins de suppositions?

Il compte sur ses doigts, mais perd dans ses calculs
sa raison de compter, sa raison de rêver,
sa raison d'être là, tout pesant de scrupules,
et d'être homme vivant sans qu'on l'ait invité.

HOMMAGE A OMAR KAYAM

A Madjid Rahnema.

Tout ce qui est — ainsi que vent s'enfuit et glisse.
Ce qui n'est pas — de n'être pas fait mes délices.

Feignons de croire à l'être de ce qui n'est pas
et de croire au néant du trop vrai ici-bas.

*

Nul, et même ivre, qui façonne un vase pur
ne songe à le briser sitôt qu'il le modèle

O visages, ô regards, ô corps, tendres et purs
quel ivrogne potier vous brise et vous martèle?

*

J'ai cherché jadis dans l'ailleurs du Ciel
le Livre et la Loi, l'Enfer et le Ciel.

Aujourd'hui je sais : le Livre et la Loi
l'Enfer et le Ciel — reposent en moi.

★

De cette urne où je bois, l'argile fut amante
dont la main caressait une joue très charmante

ainsi que fait aux flancs de ce qui n'est que terre
l'anse que je tiens, te versant le vin clair.

★

Comme l'eau à la mer et le vent au désert
un jour parmi les jours s'est distrait de mes jours.

Mais je veux ignorer tant que je veille et vis
le jour qui va venir et le jour qui s'enfuit.

★

S'il pleut, qu'avril mouillé fasse luire les tulipes,
verse le vin léger dans la coupe complice

Puis regarde verdir dans l'or de ton regard
l'herbe où tu dormiras, et sous d'autres tulipes.

★

Bois aujourd'hui. Demain tu t'ennuieras sous terre,
sans nulle compagnie, dormeur très solitaire.

Écoute — et ne confie ce secret à personne :
ne refleurissent, dès que fanées, roses, tulipes, ni
anémones.

*

Entrer, sortir, naître, mourir : et pour quel gain ?
Où sont les âmes consumées, où donc vont-elles ?

Pour quel tissu le fil des jours tissés en vain ?
Je vois cendres, mais non fumée : où irait-elle ?

*

Aurais-je aimé, libre du choix, venir ici ?
Voudrais-je un jour, libre du choix, partir d'ici ?

A l'obscur jeu pipé du naître et du mourir
mieux voudrait ne pas jouer, ni naître, ni périr.

*

Que chante le coq ouvre-clair-matin ?
Que dit-il aux dormeurs aux frontières du rien ?

Le coq dit aux dormeurs qui leur oubli rabâchent
qu'une nuit de leur vie s'en va sans qu'ils le sachent.

OESTRICH

Écoute maintenant écoute jusqu'au très plat des
Flandres
les carillons rieurs et doux ricocher dans l'après-midi
calme
Nous descendons en péniche le canal d'Oestrich
en compagnie des cloches long-courrières
dans l'odeur naïve de vase et de goudron
Nous ne disons plus rien Simplement c'est la demie
qui sonne au beffroi de Bruges
simplement rien qu'un courlis que la brume et sa
petite haleine
le long du lent chaland qui redescend sur Gand
et l'eau l'eau sage l'eau secrète l'eau qui vient d'aussi
loin
que notre silence d'aussi loin que les cloches songeuses
d'aussi loin que notre mort qui coule son eau noire
et monte à nos genoux très régulièrement.

COMPLAINTE
DU RÉSEAU DU MÉTROPOLITAIN

A Réaumur-Sébastopol
j'ai rencontré mon ami Paul
à Saint-Maur et Ménilmontant
j'ai dû quitter mon ami Jean

Vous descendez à la prochaine
Qui montera vous remplaçant
Bonheurs trop mélangés de peine
les semaines vont s'effaçant

Château-d'Eau et Bonne-Nouvelle
Nouvelles de mon ami Pierre
Péreire Ternes et Courcelles
Buttes-Chaumont parfum du lierre

Boucicaut Lourmel et Balard
Qu'est donc devenue Marcelline
qui était toujours en retard
aux rendez-vous place Dauphine

Vous descendez à la prochaine
Je continue Adieu mon cœur
On se verra cette semaine
ou bien jamais On vit on meurt

Gare d'Orsay Solférino
Je me souviens d'une autre Seine
d'un printemps plus gai et plus chaud
entre la Concorde et Varenne.

Vous descendez à la prochaine
et moi je vais à Clignancourt
Quand montera la souterraine
la contrôleuse de nos jours

Elle montera à Pelleport
à Malesherbes ou à Jasmin
la très fonctionnaire Mort
tenant son poinçon à la main

Elle montera à Chemin-Vert
à Saint-Michel ou Saint-Martin
ou bien à Filles-du-Calvaire
ou bien à Porte de Pantin

Les billets Messieurs Mesdames
ah nous serons bien embêtés
à Rambuteau lorsque la Dame
montera pour nous contrôler

Nous descendrons à la prochaine
Sera-ce à Mouton-Duvernet
à Cadet à la Madeleine
à Botzaris à Pyrénées

Nous descendrons à la prochaine
et nous nous perdrons corps et biens
dans des couloirs de porcelaine
qui ne correspondent à rien

Dernier métro correspondances
ah portillons qui se referment
l'enfer est à votre ressemblance
Métro raté course sans fin

Vous descendez à la prochaine
d'autres continuent vers Clichy
vers les Lilas ou vers Grenelle
qui ne font pas tant de chichis

Car viendra la Bonne-Nouvelle
pour ceux de Tolbiac et d'Ivry
pour ceux de Saint-Mandé-Tourelles
pour ceux d'ailleurs et ceux d'Issy

Stalingrad Jaurès Fabien
le métro dit aussi l'histoire
et l'histoire finira bien
Mais on aurait aimé le voir

avant de descendre à Saint-Maur
à la Chapelle ou à Saint-Ouen
avant d'être vraiment très mort
avant d'être tellement loin

Vous descendez à la prochaine
Le temps des regrets finira
et le temps des romances vaines
des élégies du tralala

Portée Dorée de l'Avenir
Chemin Vert de nos espérances
Je vous confie le souvenir
du vieux métro de Paris France

Louise-Michel et Guy-Moquet
Louis-Blanc et Anatole-France
Le Point-du-Jour le long des quais
le point du jour de l'espérance.

BESTIAIRE
D'UNE CERTAINE MORT

Animaux si pressés si sages si légers
ne fuyez pas encore
J'ai très besoin de vous mes discrets passagers
complices du dehors

Avant de m'embarquer laissez-moi vous nommer
comme le patriarche
Je vais voguer longtemps des jours et des années
seul à bord de mon arche

Ni le chat ni l'oiseau ni le gentil renard
ne monteront à bord
Cheval et vous fourmi vous garderez ma part
je vous confie mon sort.

BESTIAIRE DES CHEVAUX MARCHANT AU MÊME PAS

Gris chevaux ombrageux marchant de compagnie
votre mort et ma mort s'en vont au même pas
Les ricochets sur l'eau des musiques de nuit
vont caresser la joue que j'embrasse tout bas

Mais les marées du jour emporteront ton corps
et le mien confondus Traces de nos pieds nus
vous fuirez sous l'écume et les glissants efforts
des vagues un instant leur souffle retenu

Les deux chevaux songeurs s'écarteront tous deux
double piste aux halliers des forêts sans mémoire
Votre mort et ma mort rejoueront double jeu
ignorant la chanson et le plaisir d'un soir.

AMOUR

Les bidons du laitier le chant du rossignol
le grondement lointain du métro souterrain
n'éveillent pas les morts dormant à l'entresol

Roméo Roméo Juliette tend la main
Orphée cherche Eurydice en vain dans le couloir
mais le réveil sonne et c'est déjà demain

et c'est déjà ce soir et déjà Paris-Soir
déjà le résultat des courses du destin
et déjà l'apéro que l'on siffle au comptoir

Le boulanger distrait colle un ticket de pain
Tristan appelle Iseut mais Tristan perd son temps
et la Mort en bâillant s'en va clopant-clopin.

La Mort s'en va Quand on est mort c'est pour
  longtemps
Mais moi j'ai dans mes bras une fille endormie
à qui je fais l'amour sorte de passe-temps

Mais moi j'ai dans mes bras une fille endormie.

MILLE MORTS

Je suis dans le soleil
endormi paresseux
habité de pensées
comme l'été d'abeilles

Le soleil tout à ce qu'il fait
n'est que lumière et que chaleur
et l'arbre d'un seul mouvement
n'a qu'une idée dans ses racines

L'oiseau qui se pose sur l'arbre
est oiseau de toutes ses ailes
Toute en couleur toute en parfum
la fleur ignore l'ironie
le souvenir la nostalgie
les bons les mauvais sentiments
le temps qui passe patiemment
le temps qui passe tellement

Mon chien qui rêve qu'il est chien
et grogne à mes pieds dans l'herbe
n'est que mon chien qui se sait chien
dans l'herbe qui n'est que de l'herbe

Mais moi Que voulez-vous que je dise de moi
Je ne vis qu'une fois mais c'est toujours ailleurs
Je vis de mille vies Je meurs de mille morts
dénoue ce que j'ai noué déjoue ce qui me lie
sorte d'absent-présent que vous nommez un homme

Homme Qui nommez-vous
Un autre Moi Personne

Quand je parle au dedans une autre voix résonne
et lorsque je me tais je ne reconnais pas
le silence que fait mon long silence en moi

Je suis un homme
et plusieurs hommes
L'instant présent me prend
toujours en défaut

Je vis de mille vies Je meurs de mille morts

Si le vent se lève soudain
fait frissonner les peupliers
longuement torrent qui s'écoule
sur les cailloux blancs pommelés du ciel
le vent ne froisse que les feuilles
pelage vert et murmurant

Mais le vent qui court et parcourt
mes étendues et mes domaines
le vent n'en finit pas
d'aller et de venir

Les labyrinthes du souci
et les signes d'intelligence
que le jour fait à la nuit
le sommeil sa fausse vacance
l'ennui qui nie miroir terni
la lampe éteinte de l'absence
le plaisir où je me délie
le travail où je me dépense
et l'amitié où je m'allie
la réflexion que je devance
le livre où je me relis
le poème qui se condense
dans les ténèbres à demi
de la chuchotante présence
que mon absence contredit
les vaines joies les vraies souffrances
demain qui menace aujourd'hui
je ne suis rien que la patience
qu'ont les vivants à être en vie

Je vis de mille vies Je meurs de mille morts.

TOMBEAU
DE PAUL ELUARD

Nos rires revenaient d'un pays de rivières
où le ciel est pensif et calme tout l'été
à force de mirer le ciel et ses clairières
où passent simplement quelques oiseaux distraits

L'amitié comme un feu prise brindille à branche
inventée protégée découverte et perdue
parée d'un éclat bleu naïve de confiance
préservée de nos mains comme une pensée nue

J'ai mis tous mes bonheurs dans le même panier
fait du feu sans fumée mangé mon ciel en herbe
m'aimant de mes amours je m'efforçais de nier
les ruses de la nuit de l'absence et du gel

Le soleil incessant me donnait un ami
un miroir exigeant

Nous trouvions chaque jour de plus vives raisons
de nous aimer heureux de nous aimer sans fin

L'eau courante l'eau chantante
mille déjeuners de soleil
mille fêtes d'innocence
l'insouciance faite ciel

Le monde naissait à peine
J'entendais rire les sources
Le matin chaud de soleil
se baignait dans la rivière

Nous échangions nos sourires
comme les miroirs ce feu
que leur solitude inspire
aux reflets qui se jouent d'eux

Nous échangions nos rêves
les surprises de l'absence
et les truites vives brèves
qui s'enfuient dans le silence

Nous échangions nos raisons
d'avoir raison malgré tout
et nous parlions au présent

Mais je te parle au passé.

Je n'arrive jamais
si tu viens dans mes rêves
à te croire tellement absent

Tu parles tu souris
tout comme les vrais gens
tellement ressemblant
à mon ami présent
qu'un autre le croirait
Et tous les gestes inutiles
couleur locale de la vie
tourner la clef sortir en ville
acheter le journal ou bien des cigarettes
prendre un café passer le temps
tu les fais presque parfaitement

Je rêve que tu vis
mais l'autre qui m'épie
sans vouloir s'endormir
s'entête dans la nuit
à me prévenir

J'ai beau faire comme si
me dire tu es là
je suis double et tremblant
mi-mort et mi-vivant

Mes rêves peuvent bien remonter à leur source
ils repassent toujours par ce jour qui les nie
La nouvelle est connue des passants qui te croisent
même s'ils font semblant de croire que je rêve

Je vis de mille vies Je meurs d'unique mort

Là ma carcasse se fendille
et là mes mailles se défont
Déjà mon sang qui se morfond
déjà ma mort qui me mordille

Il faudra bien en passer par là
Il faudra bien

J'ai trouvé un bon goût à l'air
à l'eau de pluie au feu au vent
j'ai pris mon bonheur sur la terre
Où donc habitait le tourment

Il faudra bien pourtant se faire
à n'être plus là
Il faudra bien

J'ai vu du pays à n'en plus finir
Je n'étais pourtant revenu de rien

Je me souviens de toi
et je ne suis plus seul
La mort est une erreur
une fausse nouvelle
pour qui donne la vie

Si nous avons eu mal
quand tu t'es endormi
comme un qui a sommeil
et se détourne un peu

pour reposer ses yeux
de la clarté du jour
si nous avons eu mal
c'est que nous ne savions pas
ta journée accomplie

Chaque homme la poursuit

Nous nous sommes crus seuls
et ce n'était pas vrai

Je vis de mille morts et tu m'enseignes à vivre

L'autre en moi qui riait il ne riait qu'aux anges
au soleil à son chien aux cheveux fous du jour
l'autre en moi qui pleurait pleurait par déraison
le malheur d'être ailleurs l'absence pour toujours

J'ai vécu comme en rêve et j'ai rêvé ma mort
Je me suis réveillé dans les draps blancs du gel
J'ai cru n'être que là et j'ai toujours eu tort
d'être partout sans moi de me perdre au dedans

Ils disent tu es mort Tu me fais vivre encore
m'empêches d'être ailleurs et m'aides à soutenir
d'autres qu'après ma mort je maintiendrai présents

Tu me désignes ici ma place de vivant.

LE CHIFFRE DE LA NUIT

Très près, très loin, plus embrouillée de noir et de
méprise
que de sable et de temps les princes de basalte
endormis au profond du sable, en Asie grise,
une étoile obstinée nous contraint à la halte.

Au creux de son armure un chevalier très mort,
et depuis très longtemps devenu herbe et chaux
se souvient de nous deux et d'avoir eu nos corps
et de notre sommeil se fait un peu de chaud.

Le chiffre que le songe organise en nous liant,
tressant et détressant nos jambes et nos bras,
la nuit l'a déjà lu sur son parcours patient :
il s'écrivait déjà quand nous n'étions pas là.

Nous émergeons toujours à l'instant du sourire
qui nous rend l'un à l'autre et le jour à ta joue
de cette fausse mort de fable et de délire
pour retrouver la vraie, qui sait nous mettre en joue.

PLUS TARD

Plus tard, extrêmement plus tard,
très de l'autre côté des grands rideaux usés,
quand une cloche nue, sa façon de sonner,
de laisser son appel s'enfoncer dans le sable,
quand un jardin, un ciel, le tournant d'une allée,
la rumeur d'une rue, son presque mal de mer,
et le départ d'un train et son charbon de larmes,
une pipe oubliée sur une table laide,
quand tout cela sera soudain si merveilleux,
si gravement mêlé à notre mal de cœur,
au lent cérémonieux tourbillon d'être ailleurs
— alors il suffira de te donner la main,
(*et nos mains cependant existeront à peine*)
de sentir le tic-tac de ton cœur très caché,
(*et nous aurons pourtant des cœurs si incertains*)
pour rendre un peu de vrai, de chaud et de soleil
au monde où nulle part n'est écrit notre nom.

LE TEMPS

Bête comme un moteur, bête comme un alexandrin,
le temps piétine et bouge et marche tout le temps.
Il ne peut pas rester en place, et son chemin
déroule son tricot de vers à soie bavant.

Le temps n'a pas le temps de perdre ses minutes,
ni de trouver jolies les choses ni les gens.
Il a toujours à faire, et s'il trébuche et bute
il repart tout de suite et rattrape le temps.

Mon échelle à monter aux grand'places d'aurore,
ma douce, ma songeuse, et mon seul passe-temps,
dans le chaud mélangé de notre double corps
nous n'entendons plus les gros sabots du temps.

Il n'est pourtant pas loin, bête comme un ruisseau,
il fait bouger le sang et le tic-tac du cœur,
les onze ou douze pieds de mes vers pas très beaux,
bête comme une rime qu'on saurait par cœur.

CONTRE-TEMPS

A René-Renée Laporte.

Les racines du vent se glissent dans un cœur
se nourrissent d'un sang encore embué de nuit
et ramènent au jour ombragé de douleur
un enfant ébloui

Soleil dans ses yeux purs jette ton sable d'or
et tes pigeons de neige au front du bel enfant
éclabousse de feu le trébuchant essor
de l'ange adolescent

Le soleil et le vent ont des philtres trompeurs
pour écarter de nous les menaces du temps
La mer chante à ses pieds quand Narcisse se meurt
et plonge à contre-temps

La mer chante à ses pieds et tresse son écume
sa broderie jaunie de sable et de limon
comme au ciel du sommeil une étoile s'allume
lorsque nous nous aimons

Écartez-vous marins des rivages menteurs
où chante la sirène aux flancs de goémons
La plage et ses détours le sable et sa torpeur
sont pièges du démon

Ainsi que le soleil ou sa flamme caresse
et blesse ou bien guérit le nageur incertain
ainsi de notre mort qui ralentit ou presse
le pas de nos destins

Il ne faut pas tromper les cavaliers du sort
et leurs chevaux légers comme l'écume au vent
Ne passez pas le temps à mentir à la mort
c'est un jeu décevant

Ne passez pas vos jours à vous passer de vie
Ne passez pas l'amour à vous passer de temps
Ne passez pas le temps à attendre la nuit
ni les neiges d'antan

Car votre mort en vous se moque de vos pièges
et se glisse au serré du plus tendre baiser
remonte à la surface et plus vive que liège
plus souple que l'osier

s'empare de ce cœur qui se croyait léger
l'alourdit le surprend le presse et le défait
et fait de ce vivant de vivre soulagé
un mort très stupéfait.

ENCORE UN JOUR

Encore un jour où je t'attends
où je m'accrois et me découvre
au gré de l'hôte intermittent
et des portes que ferme et ouvre
le temps en moi passant le temps
Encore un jour encore un ciel
vole un oiseau qui ne sait pas
l'aveugle absence et le noir miel
qui se mûrit dans notre en-bas

Encore un jour et son soleil
La mer se déchire à l'avant
mais à l'arrière l'écume veille
et recoud vite l'océan
Un jour perdu joie qui s'envole
et qui s'en va sans rien donner
Où est le nord sur ma boussole
Compte sur tes doigts les années
Il faudrait convenir d'un signe
pour s'appeler de vie à mort
un mot de passe entre les lignes
un fil lancé de bord à bord

Il faudrait le dire à voix basse
et tu serais entre mes bras
ma bien lointaine ma tant lasse
ma très absente et toujours là

Combien de temps nous faudra-t-il
pour retrouver nos jours perdus
comme un parfum qui se faufile
si j'ouvre un livre déjà lu
Vent qui me joue vent décevant
partagerons-nous notre mort
ainsi du lit et des draps blancs
où l'autre et l'un glisse un seul corps

A chaque jour suffit sa peine.

Clair comme le jour

PETIT MATIN

Jusqu'à ce que le ciel soit couleur de matin
jusqu'à ce que le coq et le vent et la voile
et le sable et les flots et le myrte et le thym
échangent l'existence à la dernière étoile

Jusqu'à ce que la mer frissonne de chevaux
j'irai les yeux ouverts attendre la venue
de l'enfant que le clair enfante de nouveau
la secrète des flots la très douce et très nue

Les hommes de fumée ont baissé les paupières
perdus aux carrefours du jour et de la nuit
Le signe des bergers et le livre des pierres
ont glissé de leurs mains dans l'oracle des puits

Mais je sais la nouvelle et j'attends mon amour
qu'elle revienne enfin l'enfant du jour levant
avec ses yeux de ciel et ses cheveux de jour
et ses genoux de sel et ses jambes de vent.

UN AUTOMNE

De quelles paresseuses larmes de quelle saison
monotone
pourpre et dorée (la pluie s'obstine froide aux
clairières rouillées)
de quelle escale et de quelle île au loin dans l'archipel
Automne
as-tu rêvé ma claire as-tu rêvé et dérivé

Quelle maison de mousse et de forêts mouillées
quel feu pensif dans l'âtre qui rosit les mains tendues
quelle lumière sage et de quelle lampe si tard allumée
au dehors quelle prison de pluie si nombreuse que nul
n'ose
encore parler

Ou bien la treille grise et roussie l'oiseau nommé
Présage
couleur d'opale et de tacite et les jardins d'enfance
striés de cigales et d'abeilles
et quelle marchant pieds nus la vague extrême et lasse
sur quelle plage chavirant sous quel soleil

Je me souviens encore de cette timidité soudaine du
ciel devenu neige
longue lisse lente latente chute beaux flocons étourdis
l'air d'à peine toucher les branches Dis-moi est-ce
l'hiver pâle qui allège
nos pas très sourds sur les tapis du temps est-ce la neige
dis

Quels murmures quels boogies de train
taptapant sur la voie au rythme entêté et soyeux des
grands express
quels ports et quelles voix enrouées d'ailleurs dans les
gares au matin
annonçant une ville inconnue Encore un ciel Est-ce

celui de chaux vive et de lavande adolescente
d'autrefois
Est-ce celui qui nous a réunis est-ce
cette brume à l'aurore qui laisse un peu jaunir
à l'horizon le tout petit matin

Il faut partir Ah laisse
laisse encore un moment notre sommeil ensemble
et notre bercement de chevaux marchant l'amble
Laisse encore un moment nos corps se souvenir.

ABSENCE

Ma vive où que tu sois si loin que presque morte
si loin de mon sommeil de ma main de mes yeux
dans le noir et le noir et la nuit qui t'emporte
si loin de notre été menteur mélodieux

Mon ombre te surprend dans tes changeants séjours
Si l'on te dit mon nom il glisse à travers toi
Mais la nuit donne un poids aux mots légers du jour
rôdeur aux pas absents je rentre par le toit

Mots d'amour chuchotés dans l'ombreuse épaisseur
vous éveillez un soir un parfum d'autrefois
Étoiles vous buvez dans la main du dormeur
l'eau des sources perdues aux profondeurs des bois

L'hésitante chanson de la mer au rivage
la fraîcheur aux pieds nus des dalles sans couleur
l'odeur de tes cheveux tes bras ta gorge sage
le lit comme un navire au port du lent bonheur

tout cela qui n'est plus feint d'exister encore
Nous croisons nos regards au-delà des distances
au-delà de l'oubli du temps et de la mort
qui nous retrouvera dans le même silence.

DORMANTE

Toi ma dormeuse mon ombreuse ma rêveuse
ma gisante aux pieds nus sur le sable mouillé
toi ma songeuse mon heureuse ma nageuse
ma lointaine aux yeux clos mon sommeillant œillet

distraite comme nuage et fraîche comme pluie
trompeuse comme l'eau légère comme vent
toi ma berceuse mon souci mon jour ma nuit
toi que j'attends toi qui te perds et me surprends

la vague en chuchotant glisse dans ton sommeil
te flaire et vient lécher tes jambes étonnées
ton corps abandonné respire le soleil
couleur de tes cheveux ruisselants et dénoués

Mon oublieuse ma paresseuse ma dormeuse
toi qui me trompes avec le vent avec la mer
avec le sable et le matin ma capricieuse
ma brûlante aux bras frais mon étoile légère

je t'attends je t'attends je guette ton retour
et le premier regard où je vois émerger
Eurydice aux pieds nus à la clarté du jour
dans cette enfant qui dort sur la plage allongée.

JE DIS TOUJOURS LA MÊME CHOSE

Je dis de toi et de la rose
Mes poèmes sont évidents
Je dis toujours la même chose
La vie l'amour la mort le temps

Prenant les phrases toutes faites
les vérités de tous les jours
je ne suis ni ange ni bête
mais je me répète toujours

Je dis de toi et du bonheur
et la chaleur d'être avec toi
Je dis de toi et du malheur
le tourment de n'être que moi

Je dis ce que chacun devine
l'a b c de la clef des chants
Le fil sans fin que j'embobine
n'est qu'un gros fil cousu de blanc

Je me répète et recommence
Je ne dis que ce que je sais
mon souci mon insouciance
mon embarras C'est bien assez

Je me reprends sans fin ni cesse
Est-ce vraiment vraiment le même
qui dans sa fausse vraie paresse
n'est que l'absence de soi-même

Toujours distrait si je médite
toujours ailleurs si je suis là
qui donc en moi veille et persiste
à être moi si malgré moi

Un jour vient où la persistance
que j'avais cru perdre à tous vents
devient le fil de la constance
signant la trace d'un vivant

Ce n'est peut-être que ma mort
qui saura bien photographier
fini le jeu de j'entre-et-sors
cet inconnu qui m'échappait

Il dit toujours la même chose
il redécouvre à chaque instant
la même évidence morose
la même joie qui n'a qu'un temps

Mais un seul fruit songe et s'accroît
dans la fleur en métamorphose
se répétant moins qu'on ne croit
disant toujours la même chose.

ET ENCORE LA MÊME CHOSE

Je dis simplement la merveille
la modestie du ciel vivant
le petit pesant d'or d'une abeille
l'éclat du sel qui est tout blanc
toi différente mais pareille

Je dis simplement la merveille
de tous les jours te retrouver.

CHANSON DES ANTIPODES

Être habitant des antipodes
chilien aztèque patagon
c'est sûrement bien mal commode
(la tête en bas les congestions)

Être Koriake ou Youkaghir
Abenaquis ou Algonquin
Osque Khalkas Kirghiz Afghir
quel embarras et quel tintouin

On n'a pas le même hémisphère
Ici cligneluit Cassiopée
là-bas le Centaure à l'envers
l'Éridan au lieu du Bélier

On n'a pas les mêmes manières
que les gens nés du bon côté
Tout ce qu'on fait est de travers
par rapport à l'autre moitié

Quel embarras d'avoir à dire
au lieu de Claire comme ici
Klkdwghlmth à Nadjnimir
et Youlaloume à Grand-Mossi

Pour habiter à Ytapua
(entre Salta et Portalègre)
il faut dire *usted se habla*
ou bien parler le petit-nègre

C'est un tracas de chaque jour
de se sentir si différent
de ce qu'on serait alentour
les stations Fabien et Louis-Blanc

de boire du Klass ou du m'namba
au lieu du simple cinzano
d'être habillé de haut en bas
d'un autre corps d'une autre peau

Ah comment dit-on en romanche
I love you Ich liebe Sie
Comment le dire en araucanche
Être un autre homme quel souci

Mais être soi en donne aussi
Il faut chaque fois tout reprendre
On se croit là On est ici
On croit qu'on sait Il faut rapprendre

La tête en bas et puis en haut
Le cœur jamais vraiment en place
je me prends toujours en défaut
quand je me croise dans la glace

J'habite aussi mes antipodes
je suis un autre et je suis moi
je me remaille et me débrode
Pénélope de mon En-Moi

Ainsi ces vers C'était pour rire
passer le temps Je m'abusai
Le jeu se termine en soupirs
Je n'avais cru que m'amuser

Le seul amour est ma constance
et me fixe dans mon roulis
quand je veux prendre mes distances
avec ce Claude qui me fuit

Claude Roy dites-moi qui est-ce
Je l'ai bien connu autrefois
C'est un homme d'une autre espèce
un visiteur que je reçois

Je m'étonne du nom qu'il porte
comme du nom d'un étranger
J'attends toujours qu'il glisse ou sorte
de ce corps un peu mensonger

Toi seule m'habitues à vivre
Que tu sois là m'a retenu
et sans l'amour qui me délivre
je me perdrais vite de vue

Vivre est une drôle de mode
Je m'en irais par distraction
du côté de mes antipodes
et la clef sous le paillasson

Parti pour ne plus revenir
et n'étant plus que pour moi-même
le souvenir d'un avenir
qui s'était cru d'espèce humaine.

RÊVE DU 28 AOÛT 1951

Par distraction j'ai fait deux fois le tour du monde
C'est toi que j'ai croisée sans m'en apercevoir
toute nue sous le vent aux îles de la Sonde
J'ai caressé tes seins (Content de te revoir).

COPLAS

Il y a au creux de mon cœur
deux grands escaliers de cristal
Par l'un s'en monte ma douleur
par l'autre descend mon bonheur

★

Je rêve que je rêve dans un berceau
et que tout près de moi tu chantes.
Je rêve que tu me donnes un baiser
Je rêve que je rêve entre tes bras.

★

Je ne désire autre richesse
que m'endormir auprès de toi
et que d'avoir pour oreiller
tes cheveux déroulant leurs tresses.

★

Les soupirs qui s'enfuient de moi
et ceux qui s'enfuieront de toi,

ah ! s'ils se croisent en chemin
combien ils auront à se dire !

*

Je veux être le sépulcre
où tu seras enterrée
pour te tenir embrassée
toute notre éternité.

*

Il est au-dedans de mon cœur
une table de cristal
sur laquelle jouent aux cartes
mon amour et ta perfidie.

AU LOIN

Très attentivement la neige fait ton lit
et borde tes soucis dans leur drap de silence,
dans leur creux de sommeil où tu vogues la nuit
en comptant les flocons de la neige d'absence.

Ma navigante enfant plus loin que cette neige,
au jeu de ciel et blanc je te donne la main.
Les anges de la glace ont des mains qui allègent
le long chemin neigeux qui conduit à demain.

A PEINE

A peine si le vent retrousse un peu la mer
fait mousser sur son bleu un coin de jupon blanc
à peine si le sang à ton front quand tu dors
compte tout doucement l'aller retour du temps

A peine si les cris des enfants sur la plage
se mélangent au flot qui chuchote ses plis
à peine si le blanc d'un tout petit nuage
éclabousse le bleu du ciel ourlé de gris

A peine si j'écris à peine si tu dors
à peine s'il fait chaud à peine si je vis
et je ferme les yeux croyant laisser dehors
tout ce qui n'est pas toi mon amour endormi.

LA JOURNÉE AU SOLEIL

La mer dès le matin avait tant à nous dire
Je n'écoutais que toi
Elle avait beau fourrer son museau dans mes mains
rabâcher son histoire
sauter à notre cou, nous mordre, nous lécher
pour elle j'étais sourd

Je n'écoutais que toi ton souffle ton odeur
ta façon d'être là
ton corps qui se baignait dans l'écume du lit
tes seins de magnolia
Je plongeais replongeais dans ta tiédeur salée
et je perdais haleine

La mer et le soleil à n'en jamais finir
avaient beau chuchoter
faufiler leurs chansons à travers la persienne
je n'écoutais que toi

Avant de s'endormir les amants au long cours
le soleil en allé

dans le noir en parlant font de leur alentour
un jardin plein d'allées

Ils y marchent longtemps ayant doucement dit
au cœur opérateur
de rejouer pour eux le film au ralenti
de leur ancien bonheur

Pellicule rayée et qui se décolore
jadis s'est transmué
à l'envers du présent si parlant et sonore
en cinéma muet

Mais les amants voguant au fil de la nuit lente
bras dessus bras dessous
aiment ce cinéma que la mémoire invente
et le soleil dissout

J'étais plus que la mer entêté à te mordre
toi plus nue dans mes bras
que la mer et le ciel et le vent et la mer
toi qui n'étais que toi.

HOMMAGE A JULES VERNE

A Pierre Barbier.

Nos souvenirs ont parcouru
Vingt mille lieues sous les mers
frôlant les vaisseaux disparus
les noyés aux lèvres amères

Bille d'agathe bille d'acier
plumier chinois réglisse zan
cartables noirs et tablier
porte-plume à vue du Mont-Blanc

Livre d'étrenne rouge et or
qu'il est loin qu'il est loin ce temps
et la Bégum et tout son or
ne te le rendront pas pourtant

J'ai perdu la trace aujourd'hui
des trois Anglais au Pôle Nord
Les jours s'en vont les ans ont fui
les grands aventuriers sont morts

Les capitaines de quinze ans
en ont quatre-vingts bien sonnés
Les flots qui s'en vont moutonnant
emportent épaves les années

Je cherche au centre de la terre
les deux explorateurs errants
Comme eux je vais je viens et j'erre
enfant du Capitaine Grant

Où est la Maison à Vapeur
l'obus pour aller dans la lune
Il ne te reste que ton cœur
Où sont les coureurs de fortune

Le Nautilus a disparu
avec Nemo et ses chimères
avec Kéraban le têtu
avec les Robinsons de terre

Trop de naufrages trop d'oubli
rongent le bois rouillent le fer
Toutes les voiles sont pourries
et tous les marins sont à terre

Desperado grand Jules Verne
Prince des Iles et du mystère
voici ton pavillon en berne
et ton navire solitaire

Les nuages glissent dans les nues
Le cœur attend le cœur espère
Nos souvenirs ont parcouru
Vingt mille lieues sous les mers.

LE CIEL ET L'ENFER

Petite fille ton cerceau
est l'anneau d'or du souvenir
A la marelle des oiseaux
je t'attendrai pour revenir.

LES MYSTÈRES DU TÉLÉGRAPHE

A Françoise Gilot.

Les enfants après l'école
aux poteaux du télégraphe
doucement l'oreille collent
poursuivant le temps qui passe
avec ses chevaux légers
ses fifres et ses tambours
et son charroi partagé
de bons et de mauvais jours

Ce n'est que le temps qui passe
Il ne sait pas ce qu'il dit
Il trébuche dans ses traces
Il se perd dans ses soucis
Beaux enfants d'après l'école
il sera bien temps plus tard
de savoir ce qui s'envole
de ces poteaux trop bavards

Ne sachant pas ce qu'ils disent
ne parlant que pour parler
les plaisirs qu'ils nous prédisent
les chagrins qu'ils annonçaient
sont promesses mensongères
Beaux enfants d'après l'école
méfiez-vous des jolis airs
que jouent ces poteaux frivoles

Il n'est qu'un seul coquillage
où l'on entende vraiment
la mer et ses beaux naufrages
la vie ses vrais accidents
C'est le cœur de la dormante
qui battra à vos côtés
dans des nuits si différentes
de celles des écoliers

Vous serez grandes personnes
ne jouant plus à la marelle
répondant au téléphone
n'ayant plus la varicelle
Vous porterez des moustaches
et ne mettrez plus l'oreille
aux poteaux du télégraphe
qui bredouillent leurs merveilles
mais nous laissent en carafe
entre demain et la veille.

LES BROUILLARDS D'AUTOMNE

Où serons-nous et quel soleil nous saluera se réveillant
quand le brouillard de ce matin d'automne aura replié sa voilure d'eau grise
les sourdes dormantes nappes indécises et transies qui laissent sommeiller la terre dormeuse
Où serons-nous au sortir du tocsin silencieux de la brume et quel
paysage immergé renaîtra de cette fausse absence

Écoute l'eau goutte Une voix (de quel enfant) Des sabots qui traînent (d'où) Un rire suspendu
dans la route qu'on ne voit pas dans le matin laiteux et qui respire à peine
Ah si je pouvais retrouver mon chemin dans les brouillards d'octobre
est-ce toi est-ce l'enfant de ton enfance que je rencontrerais
la petite fille de six ans qui portait son cartable en allant à l'école

Est-ce lui le petit garçon tout taché de rousseur à la
pèlerine déjà alourdie d'eau
qui apprenait à lire et à écrire dans le syllabaire
Regimbaud
est-ce moi cet autre d'autrefois qui joue avec toi à la
marelle entre Ciel et Enfer
Est-ce nous deux d'avant nous deux Est-ce nous deux
d'avant cette aurore percluse

Mais revient le soleil La brume va dormir dans ses
légers repaires
Il n'y a plus ici que deux grandes personnes
et même plus les pas sur la route incertaine
des deux enfants qu'ils furent
autrefois
lors d'un très autre automne au-delà du brouillard et
des bois résignés et
de l'eau goutte à goutte qui nous rêve en sourdine

O brumes de l'automne Matins O pas perdus

L'EAU VIVE

L'eau des fontaines de la pluie,
la gentille eau, la fraîche aux joues,
l'eau qui a peur quand vient la nuit,
l'eau qui tout bas chante tout doux,

l'eau qui murmure, l'eau qui dort,
l'eau qui joue avec les anguilles,
avec Inès ou Léonor,
avec les longs cheveux des filles,

l'eau qui paresse, l'eau qui bout,
l'eau qui bouillonne méchamment,
l'eau qui désaltère les loups,
l'eau d'Ophélie lit des amants,

l'eau file et fuit comme ma mort,
comme le temps de notre amour,
ainsi qu'Inès ou Léonor,
l'eau glisse et fuit comme le jour.

Serre les mains, ferme les doigts
— et déjà l'eau file au moulin
comme la joie qui, près de toi,
quand tu l'embrasses, est déjà loin.

LA PETITE FILLE QUI PLEURE ENCORE

Quand tu me serres contre toi
ange évasif aux pas légers
changeant ton chaud contre mon froid
de pesanteur si soulagé
quand tu respires contre moi
tressant ton souffle avec le mien
quand tu m'emportes par le toit
soudain si libre de mes liens
dès que tu m'as fermé les yeux
de tes deux mains de velours noir
je vais pieds nus sous d'autres cieux.

Mon cœur retrouve un autre soir
où je cherche une enfant perdue
qui pleurait à cause de moi
un jeudi soir dans l'avenue
répétant mon nom à mi-voix
Jeudi soir en tablier noir
c'étaient les mêmes cheveux blonds
mêmes joues et mêmes yeux noirs
dis-moi quel goût tes larmes ont
dis-moi le sel du plus d'espoir

Je reviendrai je reviendrai
Je serai mort Tu m'aimeras
A la lisière des forêts
un jeudi soir tu me verras
Je serai mort Je te dirai
ne pleure plus prends mon mouchoir
ah que tes larmes sont salées
surtout n'aie pas peur dans le noir
puisque je suis là pour t'aimer
jusqu'à la fin de la nuit noire
et de la vie et du passé
jusqu'à la fin de cette histoire
si banale et si effacée
jusqu'à la fin de notre amour
de notre amour au cœur battant
jeudi soir comme un autre jour
au fin fond d'un très ancien temps

J'essuie tes yeux de mon mouchoir
tu sanglotais sous mes baisers
près de l'école un jeudi soir

Et je ne suis pas consolé.

Les animaux du dedans

BESTIAIRE DES AMANTS

Amants endormez-vous
après de tendres soins
serrez-vous aimez-vous
vos rêves iront loin
Bien au-delà du jour
au profond du sommeil
du bon-chaud de l'amour
renaîtra le soleil
Un écureuil viendra
Entre vos deux orteils
un lézard glissera
Tous vos amis de nuit
la loutre et le renard
le chat et la fourmi
accourront sans retard
à pas feutrés de rêve
jusqu'au chant de l'alouette
et se mélangeront
sans mordre ni crier
au jaune hérisson
à la fauvette huppée
Les hôtes amicaux

viendront à pas feutrés
jusqu'au cocorico
d'un grand coq très distrait
qui chassera enfin
cette ménagerie
que la soif ni la faim
n'auront jamais surpris

Sur la main de l'enfant aimée
un rossignol vient et se pose
(La gazelle viendrait aussi
mais elle a peur et elle n'ose)

La truite et le chien de mer
s'en vont naviguant de conserve
Le toucan l'étoile de mer
restent tous deux sur la réserve
Devant le bélier qui insiste
pour que le chat touche à ses cornes
ne sachant trop si elle existe
longuement pleure la licorne
La taupe et le corbeau
s'en vont à petits pas
Le renard les chevaux
marchent tout près du rat
et la chauve-souris
veille sur la dormeuse
tandis qu'une perdrix
lui chante une berceuse
La girafe et le chien
le lion le pangolin
le zèbre et la vigogne

flairent les endormis
les lèchent doucement
et parlent en amis
aux fidèles amants
qui s'éveillent enfin
lorsque le réveil sonne
et leur rend leur matin
de vraies grandes personnes.

MATINALE

Le jour cherche son chemin,
hésitant au fond du noir,
plus timide que la main
caresseuse au creux du soir.

Il entre par la fenêtre
glissant entre les amants
délie les corps que pénètre
sa tiédeur nonchalamment.

L'ange sage du mensonge
à la dormeuse à demi
livre le début d'un songe
encore embrouillé de nuit.

Si, trompeuse, la clarté
dessine un chiffre d'amour
avec les corps enlacés
sur le drap plus blanc que jour

c'est pour qu'un oiseau perdu
s'il entre par la croisée
garde très longuement tu
le secret qui reposait

dans les bras le sein la joue
le doux ventre clair-nacré
de l'enfant sur qui se joue
un rayon aventuré.

PETIT MATIN

Je te reconnaîtrai aux algues de la mer
au sel de tes cheveux aux herbes de tes mains
Je te reconnaîtrai au profond des paupières
je fermerai les yeux tu me prendras la main

Je te reconnaîtrai quand tu viendras pieds nus
sur les sentiers brûlants d'odeurs et de soleil
les cheveux ruisselants sur tes épaules nues
et les seins ombragés des palmes du sommeil

Je laisserai alors s'envoler les oiseaux
les oiseaux long-courriers qui traversent les mers
Les étoiles aux vents courberont leurs fuseaux
les oiseaux très pressés fuiront dans le ciel clair.

L'ATTENDUE

Je t'attendrai en haut de la plus haute tour
où pleurent nuit et jour les absents dans le vent
Quand les oiseaux fuiront je saurai que le jour
est là marqué des pas de celle que j'attends

Complice du soleil je sens son corps mûrir
de la patience aveugle et laiteuse des fruits
ses froides mains de ciel lentement refleurir
dans le matin léger qui jaillit de la nuit.

BESTIAIRE DE L'ÉCUREUIL

Tes doigts distraits, à force d'indolence,
de se dénouer, d'effleurer tes cheveux,
tes doigts légers, écheveau d'impatience,
ont inventé un pelage et deux yeux.

Un écureuil se glisse auprès de moi,
très courtois et très roux comme un bois en automne,
sensible aux mots, aux regards, à la voix,
un écureuil, attentive personne.

Il me regarde et je regarde ailleurs.
Comment répondre à son appel discret?
La vie est là, et moi toujours ailleurs,
pas plus que lui je ne sais le secret.

Être écureuil est un jeu difficile
hors des forêts, très loin des noisetiers.
Notre lit n'est pas arbre ni asile,
être écureuil ici devient très malaisé.

Tes doigts distraits, à force d'innocence,
ont effacé en peignant tes cheveux
cet écureuil, ce timide non-sens
qui vit ici — parce que je le veux.

BESTIAIRE DU ROUGE-GORGE QUI S'EST PERDU AU CIEL

Un rouge-gorge entre Andromède et Bételgeuse
pas étonné du tout d'être envolé si haut
un rouge-gorge avec sa voix claire et rieuse
un tout petit oiseau prend le ciel en défaut

Un oiseau chante-doux il suffit d'un oiseau
Le grand ciel monotone échappe à son désastre
à la nuit à l'ennui des milliards de zéros
qui ne sont plus assez pour dénombrer les astres

Il chante et la planète imagine une oreille
un bras un cheveu noir un peu de sang vivant
se réchauffe de l'herbe et du blond d'une abeille
d'un cheval d'un lézard d'un chat d'un brin de vent

Ce silence éternel l'empêche de dormir
que le ciel tapissier ne cesse de tisser
Une cloche et l'écho qui n'en veut plus finir
comment est-ce le bruit d'une cloche au clocher

Comment est-ce le pas d'une biche aux clairières
comment est-ce le chant du sang quand le cœur bat
L'étoile entend s'ouvrir une lourde barrière
qui grince au visiteur et le bruit de ses pas

Elle essaie de flairer le mot qu'on nomme *amour*
et ce que ça veut dire *il fait un froid de loup*
et quelle est la couleur que prend le mot *toujours*
quand on sait qu'on mourra comme on le fait chez
nous

Le chant vert d'un oiseau qui cherche son chemin
traverse l'épaisseur d'une étoile songeuse
qui se met à penser au destin des humains
soudain si triste entre Andromède et Bételgeuse.

BESTIAIRE DU CHIEN A NE PAS METTRE DEHORS

A ne pas mettre un chien dehors
ni un cheval ni un oiseau
Un bel hiver par-dessus bord
de blanc de neige et de biseaux

Deux amants au creux de la nuit
à ne pas mettre un chien dehors
Au creux du chaud passé minuit
deux amants à l'abri du port

Aux amants meurtris de sommeil
avec infiniment de soin
l'hiver construit un soleil
un lit d'amour qui sent le foin

La neige a beau faire semblant
de croire à l'hiver pour toujours
tes cheveux blonds sur les draps blancs
sont moissons au long des longs jours

Ma sommeilleuse ma clarté
tes cheveux blonds mes épis d'or
se courbent aux vents dévastés
à ne pas mettre un chien dehors.

LE BESTIAIRE INCERTAIN

Licorne chien de feu dragon oiseau-menteur
et vous serpent de mer
je sais vos longs soucis mes doux amis trompeurs
l'incertitude amère

Il n'est pas très aisé d'exister chaque jour
On oublie quelquefois
Un peu d'inattention et l'on meurt pour toujours
malgré sa bonne foi

Personne ne sait plus que vous êtes vivants
Les hommes sont sceptiques
On oublie votre nom dans les livres savants
qui nomment les moustiques

Malheureux exilés de la zoologie
je serai bon pour vous
Je construirai pour vous un fragile logis
Un zoo du dessous

Promettez seulement de mettre tous vos soins
à exister très fort
Appliquez-vous toujours même si je suis loin
à n'être jamais morts.

BESTIAIRE DES ÉTOILES

Légère ô ma légère enfant
mon petit nuage éveille-toi
ô mes délices assoupies
ma douce amie mon endormie
éveille-toi reviens ici
car tandis que tu n'y es pas
par la fenêtre du jardin
parmi les branches du tilleul
une étoile entre et vire et vole
pleine de familiarité
et vient se poser sur ta main
doucement sans te réveiller
puis caresse un peu tes cheveux
et s'en va comme elle est venue
par la fenêtre ouverte et claire
avec son pas d'enfant pieds-nus
sa lourdeur d'ange maladroit

L'étoile appelle tout le ciel
qui nous effleure en bourdonnant
et les abeilles de la nuit
viennent timidement goûter

les fleurs distraites de ton corps
et sa tiède clarté de lait
fait plaisir à l'obscurité
Altaïr et Dénebola
se reposent sur ton cou
Bételgeuse et les Trois Rois
viennent boire dans ta main
Céléno Mériope Orion
Antarès et Procyon
sont blottis contre tes flancs
le Centaure et le Grand Chien
se sont couchés à tes pieds
si je te prends dans mes bras
j'embrasse le ciel entier

Mon doux œillet tiède et serré
mon beau bouquet d'ombre et de chair
entre Mirab et le Navire
tu reposeras jusqu'au jour
quand le Grand Jardinier d'en haut
récoltera tous ses fruits mûrs
et rentrera tous ses troupeaux
et lâchera tous ses oiseaux
qui viendront goûter à leur tour
ce que les astres disparus
auront veillé toute la nuit
Le rossignol et le loriot
prendront la place des Gémeaux
mais quand tu ouvriras les yeux
tu sentiras contre ta joue
un petit reste de clarté
un peu plus salée que le jour
comme un souvenir de Persée.

MÉMOIRE NOCTURNE

Il y a dans les grands couloirs du souvenir
tant de clefs tant de portes et de voix et de cris
tant de passants obscurs et d'inquiets voyageurs
Je ne sais où frapper je ne sais où dormir
Ouvrez ouvrez enfin à celui qui attend
avant la fin du jour et d'échos en échos
les navires les trains gémiront sur la ville
Derrière cette porte une femme a chanté
la chanson celle-là que j'ai sue à vingt ans
La clef est au tableau Sur la pointe des pieds
Montez les marches l'escalier de la mémoire
qui grince comme les escaliers d'autrefois
tourne et tourne aux paliers de la mélancolie
Le tapis est usé et il n'est pas le seul
A l'étage au-dessus il y a une fille
j'entends marcher pieds nus l'enfant d'une autre vie
et je sais qu'elle est nue que ses cheveux dénoués
brillent dans le miroir au cadre de velours
A l'étage au-dessus il y a un garçon
et je l'entends siffler et je l'entends sortir
et les livres sont lourds les rues trop éclairées
L'autobus ralentit au coin du carrefour

Au travers de ces vies au travers de ces portes
il y aura plus tard le pas des spectateurs
qui sortent à minuit des cinés du quartier
Je n'ose pas frapper ici on fait l'amour
Une femme gémit La lumière s'éteint
La même lampe la même femme qu'autrefois
Tous les laitiers de Paris réveilleront
tous les amants dans les bras de celle qu'ils aiment
Changez de cavalier quand sonne le réveil
Changez de souvenir à chaque point du jour
Il faut se rendormir jusqu'au retour des boueux
Je t'aimais tu m'aimais autrefois autrefois
Je te cherche et t'attends dans les longs corridors
Mais tu n'es plus derrière aucune de ces portes
ni toi ni aucune autre absentes que j'attends
A l'étage au-dessus j'ai reconnu la voix
et le ton et les mots que j'ai sus autrefois
A l'étage au-dessus j'ai rencontré les yeux
et l'espoir et la foi que j'avais autrefois
Je ne sais où frapper je ne sais où dormir
Je ne sais plus parler je ne sais plus mentir
Mais qu'elle s'ouvre enfin la porte close
derrière laquelle il y a un jardin
et des enfants qui jouent et un chien qui aboie
et le petit garçon qui donne sa tartine
à la petite fille aux cheveux de maïs.

JOURS ET TRAVAUX

Né en 1915, Charentais. Le père est artiste peintre. Poète, romancier, essayiste, critique. (« Je touche à tout parce que tout se tient. ») Epreuves marquantes : la guerre (dans les chars), la politique (« le cauchemar de l'Histoire »), la maladie. Joies dominantes : « L'art, l'amour et l'amitié sont les plus courts chemins d'un homme à un autre. »

BIBLIOGRAPHIE EN POÉSIE

1942 *L'enfance de l'art.*
1943 *Claire comme le jour.*
1945 *Aragon.*
1946 *Le bestiaire des amants.*
1949 *Le poète mineur.*
1952 *L'élégie des lieux communs.*
1953 *La Chine dans un miroir.*
1954 *Un seul poème.*
1963 *L'amour parle,* anthologie chronologique du cœur selon les poètes français.
1964 *Jules Supervielle.*
1968 *La dérobée,* roman avec poèmes.
1974 *Enfantasques,* poèmes et collages.

1978 *Nouvelles enfantasques*, poèmes et collages.
1979 *Sais-tu si nous sommes encore loin de la mer ?*
1984 *À la lisière du temps.*
1987 *Le voyage d'automne.*
1990 *Le noir de l'aube.*
1991 *Le voleur de poèmes — Chine.*
1993 *Les Pas du silence.*
1997 *Poèmes à pas de loup.*

Les circonstances

Mourir

Clair comme le jour

Les animaux du dedans

DU MÊME AUTEUR

dans la même collection

SAIS-TU SI NOUS SOMMES ENCORE LOIN DE LA MER ? *Préface de Hector Bianciotti.*

À LA LISIÈRE DU TEMPS, *suivi de* LE VOYAGE D'AUTOMNE. *Préface d'Octavio Paz.*

DERNIÈRES PARUTIONS

231.	***	*Chansonnier révolutionnaire.*
232.	***	*Anthologie de la poésie lyrique française des* XIIe *et* XIIIe *siècles.*
233.	Daniel Boulanger	*Tchadiennes.*
234.	René Char	*Éloge d'une Soupçonnée.*
235.	Henri Michaux	*La vie dans les plis.*
236.	Robert Sabatier	*Les châteaux de millions d'années.*
237.	Norge	*Poésies 1923-1988.*
238.	Octavio Paz	*Le feu de chaque jour.*
239.	Claude Roy	*À la lisière du temps.*
240.	Edmond Jabès	*Le Seuil Le Sable.*
241.	Pierre Louÿs	*Les Chansons de Bilitis.*
242.	Miguel Angel Asturias	*Poèmes indiens.*
243.	Georg Trakl	*Crépuscule et déclin.*
244.	Henri Michaux	*Misérable miracle.*
245.	Guillevic	*Étier* suivi de *Autres.*
246.	Adonis	*Mémoire du vent.*
247.	Max Jacob	*Poèmes de Morven le Gaëlique.*
248.	Dylan Thomas	*Vision et Prière.*
249.	***	*Chansons françaises de la Renaissance.*
250.	Eugenio Montale	*Poèmes choisis (1916-1980).*
251.	Herman Melville	*Poèmes de guerre.*
252.	André du Bouchet	*Dans la chaleur vacante.*
253.	Gaspara Stampa	*Poèmes.*
254.	Daniel Boulanger	*Intailles.*

255. Martial — *Épigrammes.*
256. Michel-Ange — *Poèmes.*
257. John Donne — *Poèmes.*
258. Henri Michaux — *Face aux verrous.*
259. William Faulkner — *Le Faune de marbre. Un rameau vert.*
260. Walt Whitman — *Poèmes.*
261. Stéphane Mallarmé — *Poésies.*
262. Yves Bonnefoy — *Rue Traversière.*
263. *** — *Anthologie de la poésie française du XIXe siècle,* II.
264. Hugo von Hofmannsthal — *Lettre de Lord Chandos.*
265. Paul Valéry — *Ego scriptor.*
266. Goethe — *Élégie de Marienbad.*
267. Lorand Gaspar — *Égée. Judée.*
268. Jacques Réda — *Les Ruines de Paris.*
269. Jude Stéfan — *À la Vieille Parque.*
270. Rainer Maria Rilke — *Lettres à un jeune poète.*
271. Pierre Torreilles — *Denudare.*
272. Friedrich Hölderlin — *Odes. Élégies. Hymnes.*
273. W.B. Yeats — *Quarante-cinq poèmes.*
274. Bernard Noël — *La Chute des temps.*
275. *** — *Anthologie de la poésie russe.*
276. André Chénier — *Poésies.*
277. Philippe Jaccottet — *À la lumière d'hiver.*
278. Daniel Boulanger — *Hôtel de l'image.*
279. Charles Leconte de Lisle — *Poèmes antiques.*
280. Alexandre Pouchkine — *Poésies.*
281. Elizabeth Browning — *Sonnets portugais.*
282. Henri Michaux — *L'infini turbulent.*
283. Rainer Maria Rilke — *Élégies de Duino. Sonnets à Orphée.*
284. Maurice Blanchard — *Les Barricades mystérieuses.*
285. Omar Khayam — *Rubayat.*
286. Agrippa d'Aubigné — *Les Tragiques.*
287. Jean Cassou — *Trente-trois sonnets composés au secret.*
288. *** — *La planche de vivre.*
289. Pierre Jean Jouve — *Dans les années profondes.*
290. John Milton — *Le Paradis perdu.*

291.	Pablo Neruda	*La Centaine d'amour.*
292.	Yves Bonnefoy	*Ce qui fut sans lumière.*
293.	Pier Paolo Pasolini	*Poèmes de jeunesse.*
294.	Jacques Audiberti	*Ange aux entrailles.*
295.	Henri Pichette	*Apoèmes.*
296.	Stéphane Mallarmé	*Vers de circonstance.*
297.	John Keats	*Poèmes et poésies.*
298.	Paul Claudel	*Cent phrases pour éventails.*
299.	Louis Calaferte	*Rag-time.*
300.	André Breton	*Poisson soluble.*
301.	David Herbert Lawrence	*Poèmes.*
302.	***	*Les poètes du Chat Noir.*
303.	Joachim Du Bellay	*Divers Jeux rustiques.*
304.	Juvénal	*Satires.*
305.	Odysseus Elytis	*Axion Esti.*
306.	Nuno Júdice	*Un chant dans l'épaisseur du temps.*
307.	Pentti Holappa	*Les mots longs.*
308.	Max Elskamp	*La Chanson de la rue Saint-Paul.*
309.	***	*Anthologie de la poésie religieuse française.*
310.	René Char	*En trente-trois morceaux.*
311.	Friedrich Nietzsche	*Poèmes (1858-1888). Dithyrambes pour Dionysos.*

Ce volume,
le soixantième de la collection Poésie,
a été achevé d'imprimer sur les presses
de l'imprimerie Bussière à Saint-Amand (Cher),
le 5 mai 1997.
Dépôt légal : mai 1997.
1er dépôt légal dans la collection : mai 1970.
Numéro d'imprimeur : 1076.
ISBN 2-07-030243-1./Imprimé en France.

82253